JN112129

樋口 裕一・和田 圭史 共著

まるまる使える
出願書類の書き方 三訂版

MARUMARU

K 桐原書店

はしがき

　総合型選抜、学校推薦型選抜においては、出願書類が決定的な意味を持つ。

　出願書類をうまく書けば、ぐっと合格に近づくことができる。逆にいえば、出願書類に的外れなことを書いてしまうと、合格が遠のいてしまう。

　総合型選抜や学校推薦型選抜では、多くの場合、面接が大事であって、出願書類は大して見ないのではないかと思っている人が結構いる。事実、出願書類に点数をつける大学・短大は決して多くない。だが、面接は出願書類に基づいて行われることが多い。もっといえば、面接は出願書類の内容を確認するといった意味が強い。そのため、出願書類に失敗すると、面接に響くことになる。出願書類を的確に書いていれば、面接もその勢いで乗り切ることができる。

　だから、合否はひとえに出願書類の出来にかかっていると断言しても、間違いないほどなのだ。

　ところが、それほど重要な出願書類なのに、どう書けばよいのかわからずに途方に暮れている人が多いのではあるまいか。

　しかも、様々な名称の複数の書類を提出しなければならない大学もある。この書類とあの書類は、どのように違うのか、そもそも大学側は何を見ようとしているのか。自分の志望する学部・学科ではどのようなことが求められているのか、わからない人もいることだろう。

　本書は、そのような人のために、出願書類の基礎知識を解説し、特に多くの大学・短大が課している志望理由書と自己推薦書とは何か、それをどう書けばよいのか、志望している学部や学科に応じてどのような点に注意して書けばよいかを豊富な例文を加えながら、詳しく説明している。また、総合型選抜で提出を求められることが多い多設問型のエント

リーシートのほか、課題レポート、活動報告書、そして第三者に書いてもらう評価書についても解説している。

　本書は2004年の発売から2009年の改訂を経て、これまで多くの受験生に愛読されてきたが、2021年度の入試改革（大学入学者選抜に係る新たなルール）を踏まえて、最新情報を盛り込みつつ、この度バージョンアップ版として生まれ変わった。

　本書の指導に従って、出願書類の意味を理解して、アドバイスをしっかり実行して自分で書類を完成させれば、間違いなく合格レベルの出願書類になるはずだ。

　多くの受験生が、本書を用いて、大学側に好まれる出願書類を書き、志望校合格を勝ち取ることを祈っている。そして、みごと合格した暁には、充実した学生生活、そして社会生活の基礎を築いていただきたい。

2020年5月

著　者　樋口裕一・和田圭史

本書の使い方

第1章　知っておくべき出願書類の基礎知識

「出願書類とは何か」「書類作成の段取り」「表記上の注意」などの書類作成の前に押さえるべき基礎知識を紹介した。お膳立てをしてから、本格的作業に入ろう。

第2章　志望理由書完全攻略マニュアル

　志望理由書の書き方の基本を、例文を交えて紹介している。まずは、何をどう書くかを押さえよう。さらに、深く理解するために、Q&A方式によるきめ細かな解説、学部系統別の模範例文を読んでほしい。模範例文は、志望学部のものだけでなく、全て読もう。例文には、文章の展開の仕方、ネタの使い方、字数に応じたまとめ方など、学部が異なっても参考にできる点がたくさんある。多くの模範例文を読むことで、コツもつかみやすくなるはずだ。

第3章　自己推薦書完全攻略マニュアル

　自己推薦書も、まずは書き方の基本を、例文を交えて紹介している。Q&A方式によるきめ細かな解説、模範例文で理解を深めるのは前章と同様だ。自己推薦書の例文も全て読もう。例文を多く読めばそれだけヒントも多く得られるだろう。

第4章　様々な出願書類の攻略アドバイス

　最初に小論文の2つの書き方「基本型」と「提言型」を説明する。課題レポートや多設問型のエントリーシートでは、あるテーマに対する意見や提案を求められる場合がある。それらの多くは小論文の書き方で対応できるからだ。その上で、様々なタイプのエントリーシート、課題レポート、活動報告書をどう書くとよいかを解説する。さらに、評価書を第三者に依頼するときの注意も紹介している。

第5章　出願書類を用いた面接対策

　入試面接の質問の多くは、受験生が書いた出願書類の内容をヒントにしている。そこで、志望理由書、自己推薦書などを"台本"とした面接準備の方法を紹介した。入試準備の締めくくりをここで行ってほしい。近年増加傾向にあるプレゼンテーションの対策も示した。

第6章　よりよい出願書類を書くためのワークシート

　よいアイデアを引き出すための作業メモだ。直接書き込むことができる。ここで出したアイデアをもとに、ぜひ充実した中身の書類を仕上げてほしい。

　書類作成中、壁にぶつかったら、何度でも本書に戻ってきてほしい。本書を読めば必ず壁を乗り越えるヒントを見つけられる。また、書類を書き上げたら、本書の模範例文と読み比べてほしい。文章展開がスムーズか、アイデアを深めているかなど、読み比べて見えてくることがきっとある。

も く じ

■第2章　志望理由書完全攻略マニュアル

■第3章　自己推薦書完全攻略マニュアル

■第4章　様々な出願書類の攻略アドバイス

CONTENTS

第1章

知っておくべき出願書類の基礎知識

1 出願書類とは何か

総合型選抜、学校推薦型選抜の決め手になる

2021年度の大学入試より、AO入試や自己推薦入試といった自らの意思で出願できる入試を「**総合型選抜**」、指定校推薦入試や公募制推薦入試などの高校の推薦を受けて出願できる入試を「**学校推薦型選抜**」と呼ぶようになった。

名称変更には理由がある。元々AO入試や推薦入試は、ペーパーテストでは推し量れない資質や意欲を評価する入試という位置付けだった。だが、一部の大学がその意図を拡大解釈し、学力不問で受験生を入学させてしまったため、日本の学生の学力低下を招いてしまった。危機感を抱いた文部科学省は「全ての入試で学力を問うべき」との方針を改めて打ち出した。おそらく「**大学で学ぶのに適した学力を備えた受験生を選び抜く**」との意を込めて、全ての入試区分に「～選抜」という呼称をつけたのだろう。ちなみに一般入試は「**一般選抜**」と呼ばれるようになった。

「大学で学ぶのに適した学力」は、今、**学力の3要素（「知識・技能」「思考力・判断力・表現力」「主体性・多様性・協働性」）**と表現されている。

志望理由書をはじめとする本書で紹介する出願書類は、ほとんどが文章によって自らをアピールするものだ。いうまでもなく文章づくりは総合学力であって、学力3要素の充足度を推し量るにも適している。**よい仕上がりの書類を提出できれば、「選び抜くべき学生」として注目され**

る。そうなれば、かなりのアドバンテージを持って面接試験にも臨める。

　出願書類は、提出書類であるから、仕上げまでにたっぷり時間を掛けられる。じっくり煮込んでよい書類を仕上げれば、総合型選抜、学校推薦型選抜の決め手になるのは間違いない。

出願書類と面接試験の関係

　学力3要素とともに、学ぶ意欲、真面目さ、魅力的な個性を備えているかどうかなどの資質を評価するには面接試験が適している。受験生の発言、態度から直接読み取ることができるからだ。とはいっても、面接だけでは、受験生の資質を見抜くのは難しい。いくら学ぶ意欲が旺盛であっても、話しベタやアガリ症であったら、面接ではそれをアピールすることはできない。そこで、それぞれの大学・学部で学ぶのに適した資質を持っているかを推し量るために、様々な書類を面接の重要参考資料として出願時に提出させるようになった。

　出願書類は、面接の"台本"である。面接官が質問を用意するための"台本"でもあるが、受験生にとっては、質問に備えるための"台本"であることも覚えておこう。

2 2つ以上の出願書類を書くとき

出願書類の種類と関連付け

　出願書類にもいろいろある。志望理由書、自己推薦書、エントリーシート、課題レポート、活動報告書、評価書など。大学によって、1種類のときもあるし、2、3種類に及ぶ場合もある。全ての書類を通じて、あらゆる角度から自分を売り込まなくてはならない。上手にアピールするには、**書類同士がお互いの内容を補い合うようにまとめる**とよい。

　ある受験生が、「将来は看護師になり、難民救済活動に貢献したい」と志望理由書を書いたとする。その上で、自己推薦書に、やさしさや忍耐強さなど、看護師に必要なパーソナリティを備えていることを書けば、志望理由を実現するための素養があることをアピールできる。

　活動報告書の中で、医療や福祉に関するボランティア活動の報告があれば、志望理由は、単なる間に合わせで言っているのではなく、体験を通じて育てた本物の思いであると印象付けることができるだろう。

　また活動報告書の中で、英検上位級取得などの、がんばっている証があれば、国際社会で働くことを真面目に考えているという姿勢を示すことができよう。このように、書類同士の関連付けができれば、幾重にも説得材料を重ねた強いメッセージを伝えることができる。

つながりを考えて書類をまとめる

　もちろん、全ての書類内容を関連付けてまとめるのは無理があるかもしれない。意識しすぎると、かえって逆効果になる恐れもある。また、他人の手による評価書などの内容は、受験生自らがコントロールするにも限度があろう。

　だが、つながりを全く考えずに書くと、書類同士が悪影響を与える恐れもある。

　「将来は看護師になり、難民救済活動に貢献したい」といった内容の志望理由書を書いたにもかかわらず、自己推薦書に、「何かに取り組む際に、他人と協力しながら取り組むより、1人で集中して取り組むほうが向いている」などと書いてしまったら、チーム医療が常識である医療の現場で働く素養がないと思われるし、難民救済活動など1人では決してできない仕事であるから、やりたい仕事と向いている仕事のちぐはぐさを感じさせてしまう。

　どんなにすばらしい志望理由書を書いても、他の書類で説得力を弱めたり、矛盾したりする内容を書いたのでは元も子もない。

　したがって、出願書類が複数ある場合には、**書類同士の作用反作用に注意しながら、それぞれの書類を仕上げる**ことが大切だ。

3 志望理由書と自己推薦書が核

●志望理由書と自己推薦書の違い

　出願書類の中で最も多いのが、志望理由書で、それに続くのが自己推薦書である。

　志望理由書とは、「**志望する大学で何を学びたいか**」または「**志望する大学での学業を活かし、将来何になりたいか（どんな仕事をしたいか）**」を書くものだ。自己推薦書とは、「**性格、長所、信条などの内面上のセールスポイント**」を、自分の体験に基づいて書くものだ。

●不可欠な要素を盛り込む

　複数の書類を仕上げる場合には、書類同士の関連付けを考えるとよいと紹介したが、その際、主軸となるのは、志望理由書と自己推薦書、もしくはそのどちらか一方である。したがって、この2つの書類には、出願書類に不可欠な要素を必ず盛り込むようにしよう。

　志望理由書ならば、「未来」を語る中で、「**学ぶ意欲**」「**学ぶことに対する真面目な姿勢**」「**個性**」などをアピールする。自己推薦書ならば、「過去」を語る中で同様のものをアピールする。主軸がしっかりした内容であれば、関連付けを行う他の書類のアピール度もアップする。

　ここで、志望理由書と自己推薦書の典型的な例を挙げておく。原稿用紙のようにマス目になっているものや、罫線が引かれているものなど、大学によっていろいろなパターンがある。

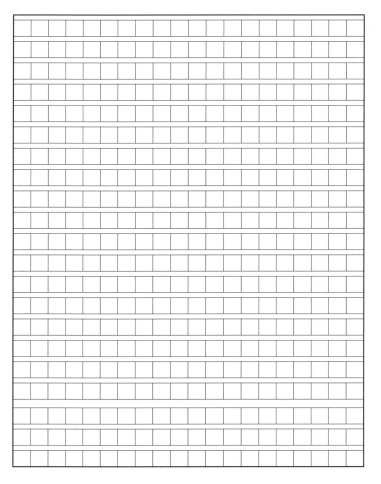

志望理由書

受験番号	※
氏　　名	

(注)　1　本用紙に志望動機と将来の目標等について本人が自筆で記入すること。

　　　2　※には記入しないこと。

■図 1-1（志望理由書の例）■

自 己 推 薦 書

高 校 名	氏 名
立　　　　　高等学校	

ページ　　／

■図1-2（自己推薦書の例）■

4 出願書類づくりは段取りが大事

●書類は余裕を持って準備する

　出願書類には、自分で書くものと他人に書いてもらうものがある。また、自分で書くものには、文章にまとめるものと事実を箇条書きでつづるものがある。

　提出する書類が複数にのぼるときは、進め方に注意しよう。当然一番エネルギーを注がなくてはならないのは、志望理由書、自己推薦書、課題レポートなど、自分で文章にまとめなくてはならないものだ。だが、これらに没頭するあまり、他の書類の対応が提出ぎりぎりになってはいけない。

　志望大学で他人に書いてもらう評価書の提出を課されている人は、学校、塾、習い事の先生、知人、親戚などに、早めにお願いしておこう。お願いする人がどんなに文章の上手な人でも、ある程度時間的余裕がなければ、しっかりした内容のものは書けない。また相手の都合もあるので、あまりにぎりぎりの状況でお願いすると断られる可能性もある。一番頼みたい人に引き受けてもらえれば本望だろうから、なるべく早い段階でお願いするようにしたい。

　また、活動報告書は、スポーツや文化活動の実績、取得資格などを書き連ねるものだが、これもあわててやると、書き損じをしたりする。だから、多少余裕を持って進めるようにしたい。

他人に依頼するときの注意

　ここでまた「書類同士は関連付けるのが望ましい」という話を思い出してほしい。

　出願書類の主軸となるのは、志望理由書と自己推薦書だ。事実を箇条書きでつづる書類はもちろん、他人に書いてもらう書類も、できればこの主軸となる書類の内容と関連付けができると強い。

　したがって、志望理由書や自己推薦書は他の書類より早く仕上げてしまうほうがよい。そうすれば評価書を書いてもらう人に、志望理由書、自己推薦書などを見せることができる。そして、**自分が書いた主張を裏付けるような内容を盛り込んでもらうように**お願いすることもできる。

　活動報告書には、志望理由書や自己推薦書の**主張を裏付けるような活動実績を忘れずに**盛り込むようにしよう。もちろんでっち上げるわけにはいかないが、書類をにらみながら、ゆっくり考えれば思い出す内容もあるかもしれない。また、主軸となる書類と矛盾が起きる要素は入れないように注意をしたい。

時間がない場合はどうするか

　時間的に余裕がない場合には、同時進行で進めなくてはいけない。その場合にも、主軸となる書類のテーマは決めておくほうがよい。評価書を書いてもらう人には、**テーマだけでも伝えておく**ほうがよい。そのほうが書き手も書きやすい。活動報告書もテーマを気にしながら記入していくことで、主軸の書類とのズレが生じにくくなる。

書く内容は、大学ごとに異なる

注意事項や指示の例

　「志望理由書」や「自己推薦書」と一口に言っても、大学ごとに求められる内容は異なる。例えば慶應義塾大学法学部のFIT入試（総合型選抜）では、ある年度の志望理由書記載に関して、次のような注意事項を加えている。

> あなたが慶應義塾大学法学部を志望した理由、入学後、何をどのように学び、また自分の夢をどう実現したいかを志望理由と関連させて、2000字以内（本人自筆・横書き）にまとめてください。

　本書で説明する基本どおりに書けば問題はないが、ここで示された**「何をどのように学びたいか」「自分の夢をどう実現したいか」「志望理由と関連付ける」**などの条件の、どれか1つでも欠けると、大学・学部の求めている志望理由書にはならない。

　ある大学では、ある年度の志望理由書を①と②の2つの内容に分けて書くように指示している。それぞれに指定された内容は次のとおりだ。

> ①大学で学びたいことを、将来の進路と関連付けて具体的に書いてください。
> ②自分のアピールできるところを具体的に挙げ、これを国際社会での活動でどのように生かしていきたいのか、書いてください。

①は、本書で説明している志望理由書の書き方でそのまま書けばよい。

②は、本書で説明している自己推薦書の内容なので、「国際社会での活動でどのように生かしていきたいのか」という指定内容を盛り込めば、あとは自己推薦書の書き方でまとめられる。

●注意事項から重要ポイントが見えてくる

　志望理由書と一口に言っても、大学ごとに求めている内容は違う。自己推薦書や活動報告書についても同じことがいえる。志望大学が、それぞれの出願書類にどんな内容を求めているかをきちんと確認してから、書類作成に取りかかるようにしよう。**出願書類記入上の注意は、志望大学が「特に見たいポイント」ともいえる。**ポイントを外さないように、しっかり対応しよう。

6 バッチリ仕上げるためのサクセスロード

　さあ、これで出願書類の初歩の初歩はわかったはずだ。いよいよこれから実践講座に入っていくが、まだ全く手をつけていない人が、実際に出願するまでにはどのようなプロセスを踏んでいくとよいのかを説明しよう。そしてこの全体の流れの中で、本書をどういうふうに活用していくとよいのかも併せて紹介していこう。

作成前

（1）　願書を入手する

　第一に行うことは、出願時に提出する書類の把握だ。**すぐに願書を入手しよう**。まだ願書の配布が始まっていなかったら、いつから配布かを押さえ、配布初日に入手しよう。願書をホームページからダウンロードすることにしている大学もある。また、オープンキャンパス開催日を配付初日にしている大学もあるようだ。いずれにしても、できるかぎり早めに入手しよう。

　なお、配布までまだしばらく時間がある場合には、前年度のものを参考資料として分けてもらおう。内容の大半は新年度も変わらないことが多いので、準備段階では参考になる。もちろん併せて**大学案内のパンフレットも入手する**。ほとんどの大学は願書よりずいぶん早く新年度用のパンフレットは作成しているので、願書ができていない場合にはパンフレットだけでも早めに入手するようにしよう。

(2) 仕上げるべき書類の種類・分量を把握する

願書を入手したら、**仕上げる書類がどれだけあるか**をチェックしよう。そして、**字数や求められている内容を把握**しよう。

書類把握ができたら、本書第2章以降を読み進めよう。例文を多数紹介しているが、**自分の志望学部と関係ない学部の例文も必ず読むように**しよう。

1つ1つの例文には様々な異なるねらいが込められている。たとえば、2000字以上の長い志望理由書を求められている人には、どの学部を志望するにしても、第2章の〔模範例文8〕や〔模範例文9〕を読んでほしい。長めの志望理由書を書くためのエッセンスがそこには詰まっているからだ。

また、あらゆる分野の志望理由書を読むことで、広範な知識を蓄えることにもなろう。

 作成

(3) ワークシート・下書きに取り組む

本書を第4章まで読んだら、**第6章のワークシートに取り組んでみよう**。これはよりよい志望理由書、自己推薦書を書くのに必要なアイデアを練るためのワークだ。これをこなすことで、書く内容に奥行きと広がりが加わる。

一通り終えたら、実際に書いてみよう。ただし、**いきなり正式な用紙に書かず、コピーをした用紙に記入**しよう。

(4) 添削指導を受ける

できあがったら**誰かに添削**してもらおう。

学校の先生や塾の先生でもよいが、**過保護な直しには注意**しよう。先

生が手伝いすぎたために、最終的に先生が書いたのか、受験生が書いたのかわからないような出願書類が、ときどき見受けられる。

　もちろん、生徒の個性が骨抜きにされた出願書類は、大学側からの評判もよろしくない。この辺をよく理解した指導者の添削指導を受けるようにしたい。添削指導とは代書行為ではない。受験生自身が優れた文章を仕上げられるように、書き直しのヒントを与えることだ。

　添削指導を受けたら書き直しをしよう。納得のいくまで書き直しを何度も繰り返そう。

作成後

⑸　清書・提出したら面接に備える

　添削指導を受けて、納得のいくレベルになったらいよいよ清書だ。書類記載上の注意は後のページで紹介する。

　仕上がったら、すぐにコピーを取ろう。出願書類は面接における重要書類。出願書類の内容から面接官は様々な質問を思い浮かべて、ぶつけてくる。そのため、面接準備に出願書類のコピーは欠かせない。

　そして提出。**封をする前にもう一度中身を確認しよう。**まさかとは思うが、他大学の書類が入っていないだろうか。複数の大学を受験する人は封をする前にもう一度確認しよう。

　提出したら、小論文や教科・科目のテストに向けて猛勉強しよう。だが**面接の準備も忘れないように。**総合型選抜、学校推薦型選抜は共に面接が重要だ。特に総合型選抜では30分以上の長い時間にわたって行われる場合も多く、面接が合否の鍵を握るといっても過言ではない。面接練習日をカレンダーに書き込み、予定の日が来たら、本書の第5章に進もう。

願書を入手する
（できるだけ早く）

仕上げるべき書類の種類・分量を把握する
（本書を読み、書き方を学ぶ）

ワークシート・下書きに取り組む
（下書きは用紙をコピーして使う）

添削指導を受ける
（添削指導をヒントに書き直す）

清書・提出したら面接に備える
（面接準備のため、必ずコピーを取っておく）

■書類提出までの流れ■

7 書類を作成するときの注意点

● 手書きで作成する場合

　出願書類の用紙は、マス目のあるものと罫線のみのものがある。まずどちらの用紙に書く場合にも言える注意点を挙げる。

共通の注意点

①**下書きをしよう**。出願書類は家で仕上げるもの。したがって、時間は無制限に掛けられる。だからなるべく丁寧な字で仕上げて、誤字脱字もないようにまとめよう。

②**段落替えをしよう**。段落替えのない文章は読みにくい。たくさん言葉を詰め込むほうがよいと判断し、1回も段落替えを行わずにまとめた書類を見たことがあるが、とにかく読みにくい。読み手が読みやすいようにまとめることもアピールのコツと心得よう。

③**大学・学部名を間違えない**。名称に、旧漢字を使っている大学もある。パンフレットなどで正式な漢字を必ず確認しよう。近年は学部・学科名がやたらに長い場合も多い。長いだけでなく、他大学と似たような学部名であることもある。名称を間違えると印象は悪い。1字1字指で辿るくらいの慎重さで確認をするほうがよいだろう。

④**文体を統一しよう**。「だ・である」（常体）もしくは「です・ます」（敬体）のどちらかに統一する。絶対に交ぜて書いてはいけない。一般に「だ・である」のほうが望ましい。文章に締まりが出る。敬語の使い分けなどに気を配らずに済む。「やさしさ」や「謙虚さ」をアピールする必要のある看護系や社会福祉系の大学や、マナー教育に力を入れ

27

ている短期大学への提出書類には「です・ます」で書くのも悪くない。その場合はなるべく丁寧語でまとめ、尊敬語や謙譲語を盛り込みすぎないことがポイントだ。

⑤流行語・略語・マークは使わない。仲間うちだけで通じる流行語や若者言葉、方言、略語などは用いてはいけない。どうしても必要なときは、かぎカッコに入れて、キミ自身の言葉でないことを明示して用いる。「！」や「？」などのマークも本来の日本語ではないので、使わないのが原則だ。

⑥話し言葉は用いない。特に「勉強してる」「日本経済なんか知らなかった」「私だってできる」「本とか読んだ」「なので、私は志望した」などの表現をする人が多いので注意する必要がある。それぞれ、「勉強している」「日本経済など知らなかった」「私でもできる」「本を読んだ」「したがって、私は志望した」。

⑦自分のことは「私」と呼ぶ。自分のことは、男女を問わず、「私」と呼ぶのが原則だ。「おれ」「自分」はもってのほか。「僕」も感心しない。

次に、マス目のある場合と罫線のみの場合の注意点を紹介しよう。

●マス目のある用紙

マス目がある場合には原稿用紙に書くときのルールに従おう。以下の7つは絶対に守らなければならない。

①**書き出しと段落の初めは必ず1マス空ける。**段落を替えるとき以外は行替えをしない。

例【正しくない】

書き出し

私	は	将	来	弁	護	士	に	な	り	た	い	と	考	え	て	い	る	。	そ
の	た	め	に	、	○	○	大	学	法	学	部	に	進	学	し	て	し	っ	か
り	法	律	の	基	礎	を	学	び	た	い	。								

段落の頭

私	が	弁	護	士	を	志	す	よ	う	に	な	っ	た	の	は	、		高	校	の

【正しい】

書き出し

	私	は	将	来	弁	護	士	に	な	り	た	い	と	考	え	て	い	る	。
そ	の	た	め	に	、	○	○	大	学	法	学	部	に	進	学	し	て	し	っ
か	り	法	律	の	基	礎	を	学	び	た	い	。							

段落の頭

	私	が	弁	護	士	を	志	す	よ	う	に	な	っ	た	の	は	、		高	校

②**必ず楷書（学校で習った文字）で書く。**草書などのくずし字や略字は避ける。

③**1マスに原則として1字を埋める。**句読点（。、）やカッコ類も1マス分をとる。

④**行の最初に句読点や閉じカッコを付けない。**これらが行の最初にくるときは、前の行のマス目の中に収める。

例【正しくない】

句	読	点	や	閉	じ	カ	ッ	コ	は
、	行	頭	に	は	置	か	な	い	。

【正しい】

句	読	点	や	閉	じ	カ	ッ	コ	は	、
行	頭	に	は	置	か	な	い	。		

⑤数字は縦書きのときは、原則として漢数字を用いる。横書きの場合も普通は漢数字を用いるが、数量をいうときには算用数字でよい。

例

【縦書き（漢数字）】

富士山の高さは三七七六メートルである。

【横書き（算用数字）】

| 富 | 士 | 山 | の | 高 | さ | は | 3 | 7 | 7 | 6 | メ | | |
| ー | ト | ル | で | あ | る | 。 | | | | | | | |

⑥横書きの場合、**数字とアルファベットは1マスに2字入れるのが慣用**。ただし省略語は1マスに1字入れる。

例【英字（省略語）】

| G | N | P | は | 国 | 民 | 総 | 生 | 産 | の | こ | と | で | あ | る | 。 | | | |

【英字（単語）】

| bu | si | ne | ss | ma | n | と | は | 本 | 来 | 実 | 業 | 家 | の | 意 | 味 | で | あ | る | 。 |

⑦**字数制限がある場合にはそれを必ず守る。**「1000字以内」とあれば、必ず1000字以内に書く。1字でもオーバーしてはいけない。「800字から1000字」という場合も厳守。なお、このような場合は800字を少しでも超えていれば構わない。無理に1000字にする必要はない。「1000字程度」という場合には、プラス・マイナス10パーセントが望ましいが、20パーセント程度は許容範囲。「1000字以内」「1000字程度」の場合、少なくとも半分（500字）以上は書いていないと、0点をつけられても文句はいえない。また、「○○字」というときには、ごく特殊な場合を除いて、句読点やカッコ、それに段落替えによって

生じた空白も字数に加える。

●罫線のみの用紙

　罫線のみの用紙の場合にも、基本的には原稿用紙に書くときのルールに従う。特に、書き出しや段落の初めに１字分空けるのを忘れないように注意しよう。

　その他、以下の２点に気をつけよう。

①**字の大きさに気をつける。**あまりに大きな字で書くと十分な分量を書けなくなる。下書きをして、収めたい内容が全部収まるほどの字の大きさで書くようにしよう。

②**余白をあまり残さない。**罫線の用紙の場合、字数制限を決めていない場合が多いが、かといって、あまりに少なすぎる分量ではよい評価はもらえない。余白はせいぜい全体の５分の１程度にとどめよう。

● 入力で作成する場合

　WEB入力で仕上げるように指定している大学もある。その場合にも、自筆で書く場合の注意点は基本的に全て守ってほしいが、その他に、入力するときに起こりやすい以下3点に注意してほしい。

①原則として、**原稿用紙の書き方のルールに従おう**。段落の最初は1マス空ける、行頭に句読点やカッコ記号を置かないなど、前述の「マス目のある用紙」の場合を参考にしてほしい。

行頭禁則文字 （行頭に置かない）	、。，？！）」』々ゝ
行末禁則文字 （行末に置かない）	（「『

■代表的な禁則文字■

②**漢字の変換ミスに気をつける**。自筆で書くときにはまさか間違えないようなミスを、うっかりしてしまうことがある。たとえば、「志望理由」を「死亡理由」や「脂肪理由」と間違えてしまうようなミスだ。必ずプリントアウトしたものを読み直すようにしよう。

③**読みやすさにも気を遣う**。1行の文字数が多すぎたり、行間が詰まりすぎていたりすると、読みにくいことがある。読みやすい体裁に設定して入力しよう。場合によっては余白の大きさも変更するとよいだろう。

第2章

志望理由書 完全攻略 マニュアル !!

よい志望理由書を書くためのポイントは４つある。

第１のポイントは、志望する大学・学部に**行きたい理由を明確にスバリと伝える**ことだ。小説やエッセイのように凝った文章にする必要はない。書き出しも読み手を感心させるような工夫をしなくてよい。

第２のポイントは、**志望理由が本当であることを示す**ことだ。志望理由書は提出書類なので、言ってしまうと、他人の書いたものをそのまま引き写すことだってできる。もちろんそんな不正を働いても面接で見抜かれてしまうのでやるべきではないが、アドバイスを受けて作成しているうちに、知らず知らずに他人の考えを写しただけのものになってしまうこともある。そうなるのを防ぐには、志望理由に至ったきっかけを自らの体験などから引っ張ってくることだ。自らの体験や考えたことに裏付けられていればリアリティのある志望理由になる。

第３のポイントは、志望理由を**いかに真面目に考えているかを示す**ことだ。だから、単なる思いつきやあこがれの気持ちをつづるだけにとどめてはいけない。真面目さを感じさせるコツは、志望理由の実現に向けて考えてきた形跡、学習してきた形跡を示すことだ。入試改革の一環として、総合型選抜、学校推薦型選抜においても選考で学力を問うことが求められている。その観点からすると、志望理由書でも総合的な学力を文章から推し量られると考えてよい。そのために、この第３のポイントは、殊更重要となる。

第４のポイントは、志望大学・学部に対する**こだわりを示す**ことだ。法学部へ進みたい場合に、なぜ他大学の法学部でなく、その大学なのか

というこだわりを示す必要がある。うまく示せない場合には、大学パンフレットなどから取材をするとよい。競争倍率の高い大学・学部の選考の場合に、この志望大学へのこだわりが合否の分かれ目になると考えて間違いない。

　以上４つのポイントを頭に入れて志望理由書をまとめよう。この４つのポイントを押さえることでまとまりのよい志望理由書になる。

！　志望理由書のポイント

(1) 志望大学に行きたい理由を明確に伝える
(2) 志望理由が本当であることを示す
(3) 真面目に考えていることを示す
(4) 志望大学に対するこだわりを示す

2 志望理由書の書き方

● 四部構成で書く

志望理由書は、次の四部構成でまとめるとよい。

第一部 志望理由

志望する大学・学部に行きたい**単刀直入な理由**を最初にはっきり示す。単刀直入な理由とは、将来の職業的目標または大学で学びたい内容で、これを1〜3行程度でまとめる。

「将来〜になりたいので、○○大学●●学部を志望する。」
　　「〜を学びたい。それが○○大学●●学部を志望する理由だ。」

第二部 きっかけ

第一部で示した志望理由を持ったきっかけを**個人的体験**に沿って書く。個人的体験は、人との出会い、1冊の本、感銘を受けた映像・講演・体験などをまとめる。

第三部 社会的意義／具体的ビジョン

志望理由を成就するための学習、考察の形跡は、ここで示す。

将来の職業的目標を志望理由に挙げた人は、目指す職業や成し遂げたい仕事には、**社会においてどんな意義がある**のかを書く。

または、なりたい職業に就いて、やりたい仕事に関わって、**具体的にどんなことを実現したいのか**、そのビジョンを書く。

大学で学びたい内容を志望理由に挙げた人は、その学問、研究が社会

にとってどのような意義があるのかを書く。

　または、具体的にどんなことを研究したいのか、どのようなかたちで
アプローチしていきたいのかを書く。

　全体をまとめてもう一度志望の意志をはっきり伝える。その際に志望
大学・学部に対するこだわりを示す。「**志望大学ならではの特徴**」に触
れ、自分の志望理由に最も沿うのは、受験大学であることを示す。

●志望理由書の記入例

　では、模範例文を示そう。

模範例文 1

志望理由　➡　　私は将来臨床心理士になりたい。それが○○大学心理
　　　　　　　学部心理学科を志望する理由である。

きっかけ　➡　　高校３年生の春に、中学時代の恩師の紹介で、児童相
　　　　　　　談所の臨床心理士の方と話をする機会を得た。児童相談
　　　　　　　所では、不登校やいじめ、虐待を経験する子やその親の
　　　　　　　心のケアを行うが、その臨床心理士の方は、児童相談所
　　　　　　　におけるカウンセリングについて、次のような話をした。
　　　　　　　　「ここを訪れる人は、自分の持っているよい面が、悪
　　　　　　　い面に圧倒されて埋もれてしまっている人たちである。
　　　　　　　そこで臨床心理士は、クライエントといっしょに埋もれ
　　　　　　　ているよい面を掘り起こす作業をする。でもそれは遺跡
　　　　　　　を掘り起こすように地道で時間のかかる作業だ。」
　　　　　　　　よい面が埋もれてしまった過程はクライエント一人一
　　　　　　　人で異なる。だからじっくりと慎重に掘り起こし作業を

行わなくてはならないのだろう。私は児童相談所の先生よりうかがった話から、臨床心理士とは、人の心を大切に扱う尊敬すべき職業と思った。この思いが臨床心理士を目指したいと思ったきっかけである。

社会的意義 ➡　現在の日本は人と人との触れ合いの不足した社会といえる。核家族は当たり前になり、兄弟は少ない。子どもは外で友人と遊ぶより家で孤独にテレビやスマホでゲームを楽しむことが多い。大人も近所付き合いをあまり行わなくなり、隣に暮らす人の顔を知らないことも多い。だから生身の触れ合いが得意でない。いじめや不登校、虐待も、この点が大きな原因の1つではないかと考える。

　人と積極的に触れ合うことで、コミュニケーション能力は高まる。しかし、コミュニケーションに自信の持てない人が無理に人と関わろうとすれば、精神的負担がかかるのも理解できる。だからこそ、臨床心理士の心理的援助はこれからの社会にとって重要なはずだ。多くの人が心のよい面を前面に押し出せるように手助けする。臨床心理士の丁寧な心の援助は社会全体のコミュニケーション力回復に一役買うはずだ。ぜひ私も臨床心理士としてその役割を担いたい。

まとめ ➡　貴学には、学内に独自の「心理臨床センター」があり、実践的な学内実習を行いやすい環境にある。その点に強く魅力を感じた。また、併設の大学院が日本臨床心理士資格認定協会の第1種指定大学院である。さらに、大学と大学院を合わせた6年間心理学を専門に学ぶことで、公認心理師の資格も取得できる。私の将来の夢に向かってスタートを切る場として最もふさわしいと確信し

た。以上が貴学心理学部心理学科を志望する理由である。

（注）クライエント：カウンセリングを受けに来た人。病気やケガを抱えているわけではないので患者とは呼ばない。

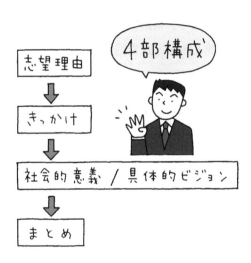

3 合格の志望理由書に近づくためのQ&A

　基本構成法、〔模範例文１〕を見ることで、志望理由書をどう書けばよいか頭では理解できただろう。だが、実際に書いてみるとなかなか思いどおりにいかなかったり、疑問が湧いてきたりする。そこで、さらに細かい書き方のコツをQ&A方式で紹介しよう。

 なぜ最初に、ズバリ志望理由を書くほうがよいのですか。

　３つの理由がある。

　１つめは、文章全体のテーマを最初に示すことで**読みやすくなる**からだ。短くまとめられた志望理由を最初に伝えることで、その後に続く説明は、それを詳しく説明している内容だとわかる。だから読みやすい。

　２つめは、キミたち書き手も、最初に志望理由をズバリと書くことで**テーマと説明のズレが生じにくくなる**。志望理由のきっかけとしておもしろいエピソードを持っている人は、それを先に書きたくなる気持ちはわからなくもない。もちろん、それでもよいが、しっかりテーマを把握していないと、内容がずれてきたり、徒にふくらみすぎたりするので、その点に十分注意をする必要がある。最初に書いたきっかけがずれたりふくらんだりした場合には、テーマ自体を、すなわちキミが一番伝えたいはずの志望理由を変えないと収拾がつかなくなる恐れもある。最初にテーマを示し、次に続くきっかけ部分をテーマに合わせて加工するほう

が思いどおりの志望理由書にまとめるのはたやすい。

3つめは、**面接官がテーマを把握しやすいからだ**。面接の場において、志望理由書は面接官が質問を導き出すネタ帳の役割を果たす。そのときに、志望理由書のテーマが「書面のどこか」にあるより、冒頭にあるほうがわかりやすい。テーマをつかんだうえで質問を考えてもらうほうが、受験生にとって受け答えのしやすい質問をもらえる。そうなればポイントの高い回答ができる可能性も高まる。冒頭に志望理由をズバリ書くことは、**面接を有利に運ぶための戦略でもあるのだ**。

ここで、きっかけを最初に書いた失敗例を挙げよう。これは〔模範例文1〕を書いた受験生が、最初に書いた志望理由書の一部である。

失敗例

志望理由がわかりにくい

日本に置き去りにされた外国人の子どもに愛の手を。

児童相談所では外国人の児童を保護するケースが年々増えている。文化、言葉の違いから周囲になじめずに不登校や引きこもりを起こす子、肌の違いや名前の違いなどから不当ないじめにあう子、生活苦や文化の違いからストレスをため込んだ親の虐待にあう子があとを絶たない。そして、児童相談所では、そのような心の問題を抱えた子をもつ親の心のケアも同時に行わなくてはならない。だが、親がいない場合もある。不法入国をして強制送還されるのが怖く行方をくらましている外国人がいるが、そういった外国人は子どもを置き去りにして姿を隠す。置いていかれた子どもたちの中には、国籍も母国語もわからず、何語でどんなふうにコミュニケーションをとってよいのかわからない子どももいるそうだ。

私は将来臨床心理士になりたい。私が児童相談所で話

を聞いた先生のように、どんな苦労もかえりみず、がんばれる臨床心理士になりたい。……

　内容的にはおもしろいが、理解しやすい志望理由書とはいえない。第1、第2段落を読んだだけだと、**この人の志望理由は何なのかがわかりづらい**。実は読み手側は、「日本に置き去りにされた外国人の子どもの現状を研究したいのだろう」、あるいは「在日外国人児童の福祉を将来やりたいのだろう」と予想してしまう。だが、結局言いたいのは「将来児童相談所で話を聞いた人のような臨床心理士になりたい」ということなので、期待はずれとなってしまう。

　なぜそう思うかといえば、第1、第2段落と第3段落がかみ合っていないからだ。これは書きたいエピソードを盛り込みすぎて、きっかけと志望理由がうまく結びつかなかった例だ。

　この受験生が児童相談所に出かけて取材をしたのは事実だろう。そして、予想しなかった「外国人の心のケア」の話題が飛び出し、それに本当に驚いたのだろう。特に不法入国をして親が行方不明になってしまった児童の事例が、最も衝撃的だったのに違いない。だから冒頭にその衝撃の思いを見出しふうに入れたのだろう。

　だが、冒頭の「日本に置き去りにされた外国人の子どもに愛の手を。」という1行が、将来臨床心理士になりたい理由の裏付けになっていないので、最初にハッと思わせるインパクトはあるが、志望理由とかみ合っていないことが読み進めていくとわかる。これでは最初にハッと思わせても効果はない。かえって期待はずれになってしまう分マイナスだ。

　志望理由書は、志望理由を大学にわかりやすく伝えることが第一の目的だ。目的を叶えていれば、読み手をハッと思わせる必要はない。

志望理由書では「大学卒業後にやりたい仕事」と「大学で学びたい内容」のどちらをテーマにするほうがよいのですか。

　基本的にはどちらでもよい。だが、大学・学部によって望ましい選択はある。それを見極めるためには、**志望する大学・学部が将来どの方向に向かおうとしているのかを知っておく必要がある。**

　近年、教育改革はめまぐるしいスピードで進んでいるが、これから日本の大学が進む道は大きく分けて2つある。1つは、実社会に役立つ人材を育てるための教育機関になること。もう1つは、世界で通用する研究者や社会的リーダーを育てるための教育機関になることだ。前者が圧倒的に多く、後者は国立及び私立の難関大学がその中心になる。そして、前者の大学では「大学卒業後にやりたい仕事」を、後者の大学では「大学で学びたい内容」をメインテーマに据えて志望理由書を書くほうが、大学との相性はよいはずだ。

　自分の志望する大学がどちらの方向に向かおうとしているのかを見るには、大学の資料が役に立つ。大学の総合パンフレット、ホームページは丁寧に見てほしい。また、最近は学部に特化したパンフレットや学部専用のサイト、ブログなどもあるのでそちらもぜひ目を通そう。

　例えばパンフレットの中で、就職スキルを磨くことや、就職用セミナーを活発に行うことを強くアピールしている大学・学部では、将来やりたい仕事を志望理由にするほうが好まれる。

　一方、国から補助金を得て先端研究を行っていることをアピールしているような大学・学部では、「学びたい内容」をメインテーマに据えて志望理由をまとめるほうが好まれるだろう。

　どちらもバランスよく打ち出している大学・学部では、どちらでも、

自分が書きやすいテーマで書けばよい。

　なお、**将来目指す職業が見えやすい学部・学科を受験する場合には、志望理由として将来やりたい仕事を提示したほうがよい。**医学部、看護学部などがその代表例である。

　37ページの〔模範例文1〕は、臨床心理士になりたいという将来の職業的目標を志望理由に据えて書いているが、心理学部を志望する人全員が、臨床心理士になりたいわけでもないので、心理学部で学べる内容を活かした仕事であれば、それは他の仕事でもよい。

　例えば、「将来は企業の商品開発に関わりたい」という志望理由も考えられる。そのために消費者心理などを心理学部で学ぶというのは十分に説得力がある。

　そして、学びたい内容をメインに据えてまとめるのでもよい。「高齢者の消費行動を社会心理学的に分析したい」「障害児の心理について学びたい」といった志望理由テーマで書けば、特に将来の職業的目標について志望理由書の中で触れなくても、十分に好感度の高い志望理由書になるだろう。

　つまり、心理学部は、一般的に言って、将来の職業的目標、大学で学びたい内容のどちらの方向で書いてもよい学部といえる。

 私は志望理由のきっかけとなる体験がいくつもあります。きっかけはたくさん書くほうがよいのでしょうか。

　きっかけとなる体験がいくつもあっても、実際に書くのは**1つ、もしくは2つぐらいにしぼるほうがよい。**ある志望理由を思いつくことは、たくさんの思いや体験が積み重なった結果かもしれないが、それを事細

かに説明していてはきっかけを説明する分量が多くなりすぎ、バランスを欠いた志望理由書になる。また、たくさんきっかけを書くとアピールする力が拡散してしまい、伝わりにくくなる。

 私はきっかけとなる個人的体験を1つにしぼっているのですが、どうしても長くなってしまいます。

　体験描写を事細かにしようとするとどうしても長くなってしまう。まずは長さを気にせず書いてみたら、次の段階で、**なくても通じる部分は大胆にカットしてみよう**。それでもダメなら、全体の40パーセント以内などと、字数制限を設けて書いてみよう。

　〔模範例文1〕を使って、「第二部きっかけ」がふくらみすぎた失敗例を紹介しよう。

失敗例　　　私は将来臨床心理士になりたい。それが○○大学心理学部心理学科を志望する理由である。

　　　私は中学生の頃から心理学に興味を持つようになった。そのきっかけは同級生が不登校になったことだ。その同級生はある日から急に学校に来なくなった。学校ではほとんどいっしょに過ごしている私にさえ、その原因はわからなかった。不登校が始まってから5か月目くらいで彼女は再び学校に来るようになった。少し太ったようだが以前と変わらぬ様子だったので、私は彼女に何も尋ねはしなかった。だが、この同級生の原因不明の不登

中学時代の話

45

校を目の当たりにしてから、人の心を研究する心理学に興味を持つにようになった。

　高校に入ってからは、心理学関連の本を好んで読むようになった。だが私の興味の始まりが同級生の不登校だったので、心理学関連の本でも不登校やいじめや虐待といった青少年の心理を扱う本が多かった。そういった読書を重ねていくうえで、カウンセリングを行う専門職として臨床心理士を知るようになり、だんだんとその職業を将来目標にしようという決意が固まってきた。

　そして高3になって実際に臨床心理士の方と話をしたことが、臨床心理士を目指す最大の理由となった。高校3年生の春に、中学時代の恩師の紹介で、児童相談所の臨床心理士の方と話をする機会を得た。児童相談所では、不登校やいじめ、虐待を経験する子やその親の心のケアを行うが、その臨床心理士の方は、児童相談所におけるカウンセリングについて、次のような話をした。

　「ここを訪れる人は、自分の持っているよい面が、悪い面に圧倒されて埋もれてしまっている人たちである。そこで臨床心理士は、クライエントといっしょに埋もれているよい面を掘り起こす作業をする。でもそれは遺跡を掘り起こすように地道で時間のかかる作業だ。」

　よい面が埋もれてしまった過程はクライエント一人一人で異なる。だからじっくりと慎重に掘り起こし作業を行わなくてはならないのだろう。私は児童相談所の先生からうかがった話から、臨床心理士とは、人の心を大切に扱う尊敬すべき職業と思った。この思いが臨床心理士を目指したいと思ったきっかけである。……

志望理由にたどり着くまでの心の経緯を正直に書こうとしたために、ずいぶんな長さになってしまったのだろう。「中学時代の同級生の不登校」「読書体験」「臨床心理士から聞いた話」の3つのきっかけ話があるが、**この中で最も重要で、しかもインパクトが強いのは、「臨床心理士から聞いた話」なので、これのみにしぼり込む。**「中学時代の同級生の不登校」「読書体験」は志望理由の決定要因となる「臨床心理士から聞いた話」に至るまでの前提話なので、削ってしまっても志望理由書全体の流れには影響ない。

 第三部で書くのは社会的意義と具体的ビジョンとどちらがよいのですか。

　基本的にはどちらでもよい。一般に、難関とされる大学では、大学での具体的な研究計画を書くほうが好まれるが、それも内容による。**志望理由をどれほど真摯に受け止め、深く探求しているかを見極めて、示しやすいほうで勝負しよう。**

 社会的意義を書くときに特に注意すべき点は何ですか。

　キミが将来やりたい仕事、キミが大学で学びたい内容は、社会にとって、人間にとって、どんな意義があるかを書くことで視野の広さや思慮深さをアピールできる利点はあるが、**単に志望学部と関連のありそうな**

社会問題を調べてまとめ上げただけでは、キミの志望理由の流れからずれてしまうことがある。そうなると「取って付け」の印象を与えてしまい、第三部でアピールしたかった視野の広さも思慮深さも伝わらないことになる。第一部、第二部で書いた内容との関連付けを忘れないように、注意しながらまとめよう。

〔模範例文1〕では第5、第6段落が第三部に当たるが、第6段落で「コミュニケーション不足の社会」における臨床心理士の重要性を語っている。そしてその重要性の意味を児童相談所で聞いた臨床心理士の言葉の意を汲んでまとめている。第一部、第二部とのつながりを読み取れるはずだ。

 具体的ビジョンを書くときに特に注意すべき点は何ですか。

　志望理由のテーマが「学びたい内容」である場合には、具体的にどのようなアプローチをして研究をしたいのか、その方法を書く。その際にその研究の目的や仮説を盛り込むようにする。目的や仮説を入れることで、得た知識をどのくらい自分のものにできているかを示すことができる。そこがアピールポイントともいえよう。

　志望理由のテーマが「将来やりたい仕事」である場合には、将来の夢を実現するために、大学で何をどのように研究しようと考えているのかを示す。もしくは、将来その職業に就いたら具体的にどんな夢を実現したいかを書く。

　実学を重んじている大学ならば、将来目指す仕事を成功に導くためのビジネスプランを示すのもよいだろう。

　「卒業後」のビジョンを示す場合には、大学での学びとの関連性を必

ず盛り込もう。卒業後の話ばかりに終始したのでは大学に出す志望理由書としてはおかしい。「**将来の夢実現のために大学での学びがある**」ことを記載することを忘れないようにしよう。

[模範例文1]の第三部を「具体的ビジョン」を示すパターンに書き直してみよう。

模範例文 1-2

志望理由 ➡ 　私は将来臨床心理士になりたい。それが○○大学心理学部心理学科を志望する理由である。

きっかけ ➡ 　高校３年生の春に、中学時代の恩師の紹介で、児童相談所の臨床心理士の方と話をする機会を得た。児童相談所では、不登校やいじめ、虐待を経験する子やその親の心のケアを行うが、その臨床心理士の方は、児童相談所におけるカウンセリングについて、次のような話をした。

　「ここを訪れる人は、自分の持っているよい面が、悪い面に圧倒されて埋もれてしまっている人たちである。そこで臨床心理士は、クライエントといっしょに埋もれているよい面を掘り起こす作業をする。でもそれは遺跡を掘り起こすように地道で時間のかかる作業だ。」

　よい面が埋もれてしまった過程はクライエント一人一人で異なる。だからじっくりと慎重に掘り起こし作業を行わなくてはならないのだろう。私は児童相談所の先生よりうかがった話から、臨床心理士とは、人の心を大切に扱う尊敬すべき職業と思った。この思いが臨床心理士を目指したいと思ったきっかけである。

具体的ビジョン ➡ 　私は臨床心理士になったら、特に子どもの心をサポー

トしたい。子どもの心の発達には、環境が大きく影響するはずだ。親子関係、兄弟関係などの家庭環境が子どもの心の成長にどのような影響を与えるのかをぜひ大学で学びたい。そして、その点を学んだうえで、家族関係に代わる子どもの心の発達によい影響を与える人間関係がないかを考えてみたい。出生率の低下、離婚率の増加、日本語を話せない外国人保護者の増加など、社会の変化は子どもの家庭環境にも大きな変化をもたらしている。子どもの心の発達を妨げないための地域づくりをこれからの社会は模索しなくてはならない。私は臨床心理士になったら、子どもの心の成長によい影響を与える人間関係のあり方について、心理臨床の現場から地域社会にぜひ提案できるようになりたい。

まとめ ➡ 　貴学には、学内に独自の「心理臨床センター」があり、実践的な学内実習を行いやすい環境にある。その点に強く魅力を感じた。また、併設の大学院が日本臨床心理士資格認定協会の第１種指定大学院である。さらに、大学と大学院を合わせた６年間心理学を専門に学ぶことで、公認心理師の資格も取得できる。私の将来の夢に向かってスタートを切る場として最もふさわしいと確信した。以上が貴学心理学部心理学科を志望する理由である。

 大学ならではの特徴というのは、その大学の気に入った点であれば何でもよいのですか。

いくら気に入った点といっても、たとえば「学食のパスタがおいしい」「校舎がかっこいい」などのように、志望理由と全く関係ないことは書くべきではない。第四部で「大学ならではの特徴」に触れる意味は、**志望理由を叶えるのに最適の環境がその大学であることを訴えるためだ**。その大学が好きだと言いたい気持ちはわかるが、それを志望理由書の中で書くべきではない。志望理由書の中でそれを書くと単に媚びを売っているようにしか見えない。

　特徴探しには、**パンフレットやホームページの大学広報資料**が役に立つ。そこには、大学がアピールしたいと思っている内容が集約されている。ここから大学・学部の特徴を引き出して、自分の志望理由と結びつければ、大学側にも好印象を与えられる。次の点に注目してみるとよい。

◎パンフレットやホームページのここに注目しよう

● 施設

　研究施設、図書館、コンピューター施設など。たとえば医学部ならば附属病院があることなど。農学部などでは、広大な敷地というのも有効だろう。

● 留学制度

　交換留学制度、海外姉妹校、海外セミナーなど。

● 心をひきつけた言葉

　教授の言葉、学生の言葉、卒業生の言葉、建学理念などから、印象に残った言葉。「パンフレットに紹介されていた○○先生の～という言葉」というように引用するのもよいだろう。

● 授業内容

「○○の資格を取れるカリキュラム」「○○学を学べる」「○○と△△を学べる」「○○を研究している先生がいる」「実習内容が充実している」「少人数制の授業」「キャリアサポート講座」など。

●大学のしくみ

「他大学にはないような特徴のある学部・学科がある」「新設の学部・学科がある」「総合大学である、あるいは専門大学である」「併設の大学院に特徴がある」「他大学との単位互換制度が充実している」など。

●課外活動

伝統のあるサークル、将来の仕事に役立つサークルなど。たとえば弁護士になりたいのなら法律研究会、福祉関係の仕事に就くことが目標ならボランティアサークルなど。

●就職状況

「資格試験合格者が多い」「将来目標とする職業になるための試験（公務員試験など）突破者が多い」「志望している種類の企業にたくさん就職している」など。ただ特定企業名を明記するのは好ましくないので注意しよう。

　もちろん、パンフレットやホームページ以外から取材することも可能だ。学部・学科ごとに開設している**ブログや公式ツイッター、志望学部・学科の先生が書いた著書**、学内新聞を含め**メディアで取り上げられた学部・学科の記事**なども、こだわりの特徴を探すための情報源になる。

◎オープンキャンパスに出かけよう

　なんといっても、直接見たり聞いたりしたことは強い。ぜひ志望大学のオープンキャンパスに出かけよう。ホームページに年間の開催日が告知されるから確認しよう。夏休みを含め年に数回実施される。キャンパスの雰囲気を感じるだけでも価値があるが、できれば志望学部・学科の

模擬授業や特別講演会を聴講しよう。家に帰ってから、講義内容をノートにまとめたり、わからなかった点を調べたりしているうちに、志望理由書に大学ならではの特徴をうまくまとめられるかもしれない。

　また相談コーナーもぜひ立ち寄ってほしい。志望する学部・学科の先生や現役の学生と直接話ができる貴重な機会だ。そこで相談に乗ってもらった話もこだわりの特徴に挙げられる可能性もある。

◎他大学の同学部・学科と比較しよう

　他大学の同じ学部・学科のパンフレットやホームページの情報を集めて、志望大学のものと比較するのもよい方法だ。そうすることで、他の大学にない特徴をつかみやすくなるだろう。

　なお、特徴を挙げるのは1つから3つくらいにしておこう。あまりたくさん書くと媚びを売っているように思われる。

❶医療系

模範例文 **2**

志望理由 ➡ 　私は将来看護師になりたいので、○○大学医学部看護学科を志望する。

きっかけ ➡ 　私が看護師を目指そうと決めたのは、祖父の臨終に立ち会ったことがきっかけである。祖父は82歳のときに肝硬変のため病院で亡くなった。祖父は亡くなる1週間前より個室に移され、死の直前に訪れる最後の苦しみを味わっていた。腹水や吐血で醜く変わり果てた祖父の姿は目を覆いたいほどだったが、そのときに祖父を担当した看護師は、笑顔で祖父に話し掛け、祖父が好きだった野球の話などをしてコミュニケーションをとっていた。祖父は点滴を受けながら時折涙を流していたが、あれは看護師の方への感謝の印だったに違いない。私は祖父を担当した看護師のように患者、特に高齢者の心の支えになるような看護師になりたいと思った。

社会的意義 ➡ 　今後日本は総人口が減少する中で65歳以上の人が増加することにより高齢化率は上昇を続ける。2036年には33.3％となり、3人に1人が高齢者となる。そうなると、病気とは言いがたい、人間の自然なプロセスである老いによる身体の不調を訴える人が増える。そして病

院は、病気のときだけ収容される非日常の場ではなく、日常の延長線上に存在する場になる。そのときに、医療に求められるのは、治療という概念以上に看護という概念であろう。少し前まで看護は「治療の補佐役」とされてきたが、これから求められるのは、「患者がよりよいQOLを保てるように援助する役割」としての看護だ。高齢者は「老い」からだんだんと生きる希望をなくす。看護師は、「できるかぎり健康でありたい、そして有意義な人生を送りたい」という人間としての当たり前の願望を高齢者から失わせないように、心と健康管理の両面から積極的に手助けをするべきと考える。私も看護師になったら、高齢者の方の元気が保てるように、一生懸命努力をしたい。

まとめ ➡ 　貴学医学部看護学科は、老年看護学の講座が大変充実している。その点で私の志望にかなっている。また、附属病院における患者参加型の病室作りには大きな共感を覚えた。患者本位の医療に対する考えが貴学全体に浸透しているものと思い、ここで看護の学習をスタートさせたいと思った。

　　　以上が貴学を志望する理由である。

㊟QOL：Quality of Life（生活の質）のこと。

　普通は、このように「だ・である」調で書くのだが、同じ例文を「です・ます」調に書き換えたものも紹介しよう。医療・看護系や福祉系の学部を受ける人で、「です・ます」調で書いたほうが「やさしさ」や「謙虚さ」が伝わりやすいと思う人は、以下を参考にするとよい。

模範例文 2-改

　私は将来看護師になりたいので、○○大学医学部看護学科を志望します。

　私が看護師を目指そうと決めたのは、祖父の臨終に立ち会ったことがきっかけです。祖父は82歳のときに肝硬変のため病院で亡くなりました。祖父は亡くなる1週間前より個室に移され、死の直前に訪れる最後の苦しみを味わっていました。腹水や吐血で醜く変わり果てた祖父の姿は目を覆いたいほどでしたが、そのときに祖父を担当した看護師の方は、笑顔で祖父に話し掛け、祖父が好きだった野球の話などをしてコミュニケーションをとってくれました。祖父は点滴を受けながら時折涙を流していましたが、あれはきっと看護師の方への感謝の印だったのだと思います。私は祖父を担当した看護師の方のように患者、特に高齢者の方の心の支えになるような看護師になりたいと思います。

　今後日本は総人口が減少する中で65歳以上の人が増加することにより高齢化率は上昇を続けます。2036年には33.3％となり、3人に1人が高齢者となります。そうなると、病気とは言いがたい、人間の自然なプロセスである老いによる身体の不調を訴える人が増えるでしょう。そして病院は、病気のときだけ収容される非日常の場ではなく、日常の延長線上に存在する場になるでしょう。そのときに、医療に求められるのは、治療という概念以上に看護という概念だと思います。少し前まで看護は「治療の補佐役」とされてきましたが、これから求

められるのは、「患者がよりよいQOLを保てるように
援助する役割」としての看護だと思います。高齢者は
「老い」からだんだんと生きる希望をなくします。看護
師は、「できるかぎり健康でありたい、そして有意義な
人生を送りたい」という人間としての当たり前の願望を
高齢者から失わせないように、心と健康管理の両面から
積極的に手助けをするべきと考えます。私も看護師にな
ったら、高齢者の方の元気が保てるように、一生懸命努
力をしたいと思います。

　貴学医学部看護学科は、老年看護学の講座が大変充実
しています。その点で私の志望にかなっていると思いま
した。また、附属病院における患者参加型の病室作りに
は大きな共感を覚えました。患者本位の医療に対する考
えが貴学全体に浸透しているものと思い、ここで看護の
学習をスタートさせたいと強く思いました。

　以上が貴学を志望する理由です。

●医療系の志望理由書を書くときの注意

①医療系を受験する際には必ず志望理由書の第一部に将来の職業目標を
しっかり書くようにしよう。

②きっかけが長くなりすぎないように注意しよう。医療系で自身の入院
体験や、家族の看病・介護の体験を書くときには、感情に引きずられ、
ついだらだらと長く書いてしまう場合が多いようだ。最初に字数配分
を決めるなどして長さを調節しよう。

③他人を思いやる志向をできるかぎり盛り込むことを心がけたほうが好
感度は高い。医師や看護師はもちろん医療関係の人は他人の生命に関
わる仕事に就くのであるから、その点への配慮が志望理由書の中にも

ほしい。

④父や母の病院を継ぐために医師、歯科医師を志望する人もいるだろう。その点を隠す必要は全くないが、**理由が「家の病院を継ぐため」だけでは意欲が感じられない**。また「父のような医師になりたい」という場合にも、どのような面をすばらしいと思って父のような医師になりたいのかを、具体的に書く必要がある。

❷法学系

模範例文 3

志望理由 ➡ 　私は将来弁護士になりたいと考えている。そのために、○○大学法学部に進学してしっかり法律の基礎を学びたい。

きっかけ ➡ 　私が弁護士を志すようになったのは、高校の総合学習の授業で模擬裁判を行ったことがきっかけである。模擬裁判で私は被告の弁護人役をやることになった。準備段階で私はプロの弁護士の方からいろいろとアドバイスをいただいた。その中で特に印象に残っているのは「弱い立場にいて自分の気持ちを伝えることができない人に代わって発言するのが弁護士の仕事」という言葉だ。私はこのアドバイスを心に留めて弁論を組み立て、見事勝訴することができた。模擬裁判ではあったが、この勝訴が私にとっては大きな喜びになった。私はこの模擬裁判を機に、将来も弱い立場の人を守れる弁護士になりたいと思った。

社会的意義 ➡ 　日本国憲法において、全ての国民は、法の下での平等

が保障されている。しかし、多くの大衆は、法律を知らない。知らないがために、不当な扱いや差別を受けて苦しんでいるのに、それを訴える力もなければ、手段もわからないのである。これでは、法の下での平等とは言えない。法律を知る者、あるいは法律を知る者を動かせる者とそうでない者の間には大きな不平等が生まれる。そうさせないために、弁護士は、弱い立場にあり、法を理解していない人たちに法律をわかりやすく伝え、訴える手段があることを教えるべきだ。そうしてこそ、法の下での平等が保て、社会は健全化するはずだ。私も将来弁護士になったら、弱い立場の人の権利や主張を弁護し、社会の健全化に一役買いたい。

まとめ ➡ 貴学法学部は市民生活紛争や人権にかかわる科目が多く用意されている。私はその点が大変気に入った。自分の目指す弁護士像を磨くのに最適の環境だと確信した。以上が貴学法学部に進学したい理由である。

●法学部の志望理由書を書くときの注意

①**論理的**にしっかり書く。

②法学部だからといって、必ずしも法曹関係の仕事に就きたいと言わなくてもよいが、その他の職業目標を挙げる場合には、**何のために法律を学ぶのか**を最初の志望理由提示のときに明記するようにしよう。もちろん将来の職業的目標でなく、学びたい内容を書いてもよい。

③弁護士などの法曹関係を将来の職業的目標とする場合には、その大学に**法科大学院があるかどうか**を確認しよう。そして併設の法科大学院では、どのような法律家を育成しようとしているのかを探ってみよう。法科大学院の目指す方向性は、その大学の法学部が目指す方向性とも

合致するはずだ。したがって、自分の目指す法律家の具体像を、少しでも法科大学院が育てたい法律家に近づけることで、相性の良さをアピールできるだろう。

❸ 経済・経営系

模範例文 4

志望理由 ➡ 私は将来、食品メーカーに勤め、ヒット商品を生み出したい。そのためには、マーケティング論をはじめ、経済学、経営学の基礎を学ぶ必要がある。それが貴学経済経営学部を志望する理由である。

きっかけ ➡ 私は父の購読する消費と流通、マーケティング情報に特化した専門紙『日経MJ』に高校2年生からよく目を通すようになった。この新聞に「日経ヒット商品番付」という特集記事がある。単にランキングを示すだけでなく、ヒット商品の開発秘話が載っている。それを読むと、普段、何気なく接している商品が、様々な試行錯誤の末、私たちの手元に届くのがわかる。加えて、ヒット商品を生み出した人の満足感が伝わってくる。中でも、食品メーカーの人たちの話からは、食品そのものを開発する研究チームと開発のための情報をもたらすマーケティングチームが一丸となって、おいしさを作り上げ、その味が日本中の人々の舌を満足させている喜びがひしひしと伝わってくる。『日経MJ』のこの特集記事を読むうちに、「私もマーケティングの面から、おいしい食品の開発を担い、日本中、世界中の人々を喜ばせてみた

い」と将来の目標を持つようになった。

具体的ビジョン ➡ 現在、食品メーカーは、「安全性」の追求に大きな力を注いでいる。食品メーカーが安全性の追求を怠ることは、人の健康を脅かすことにつながる。いったん「安全性」で信頼をなくしたメーカーは、致命的なダメージを受ける。食品メーカーが消費者の安心と信頼を確保するためには、食品表示の厳正化、トレーサビリティ・システムの導入など、生産から消費までのリスク管理の確実な実施が必要である。

食べ物は、安心して口にできてこそ初めてそのおいしさを味わえるのだと思う。だから、人々においしいと思ってもらうには、味づくりに加えて、何の心配もなく口にできる安心づくりが必要になる。私は大学で、消費者に対する安心づくりのマーケティングを学び、将来おいしいヒット商品を生み出すための原動力にしたい。

まとめ ➡ 貴学経済経営学部の必修科目であるマーケティング論は、現代企業のマーケティング事例を取り上げて行うとても実践的な内容だと貴学パンフレットの中で紹介されていた。私はそこに魅力を感じた。また、農学部や栄養学部を持つ大学との単位互換制度がある点にも高い関心を持った。私が学ぼうとしている食品マーケティングについて、様々な視点からアプローチできると感じたからだ。以上が貴学経済経営学部を志望する理由である。

㊟トレーサビリティ・システム：生産・流通の履歴を追跡できる仕組み。

経済・経営系の模範例文として、もう１例紹介しておこう。実学志向の強い大学を受験する人で、大学卒業後のビジネスプランを強く思い描

いている人などは、以下を参考にするとよい。

模範例文 5

志望理由 ➡ 私は将来スポーツマネジメントに携わりたい。そのためにはスポーツ業界の現状を知るとともに、経営の基礎を学ばなくてはいけない。それが○○大学経営学部を志望する理由である。

きっかけ ➡ 私がこのような将来の目標を持ったのは、ある新聞記事を目にしてからだ。そこには、「マイナー種目のオリンピック候補選手は、選手活動を続けるための資金作りに頭を悩ませている。中には経済的理由から引退をする選手もいる」と書かれていた。「マイナー競技だからといって、世界の頂点に立つ可能性のある選手の活動を停止させてはいけない。マイナー競技の選手でも、世界で活躍をすれば、それは人々の活力になるはずだ。」この思いから、マイナー競技の有力選手を経済的に援助する新しいビジネスを生み出したいと考えて、将来はスポーツマネジメントに携わりたいという夢を持つようになった。

具体的ビジョン ➡ 私はサッカーJリーグのビジネスモデルをヒントに次のようなビジネスプランを考えてみた。それは「マイナー競技・種目のオリンピック候補選手に特化した経済支援を企業と地域の両輪で担ってもらう」というものだ。まずは支援を望む個人または団体のクラブチームを編成する。そのクラブチームを支援してもらう企業と地域を探す。企業と地域は、クラブチームのトレーニングや遠征にかかる費用、選手の生活費を負担するが、両者で分

け合えば、負担も軽減できる。また両者が持っている施設や労働力を上手に活用することで、経済負担はさらに軽減できる。さらに、地域は選手に観光や地場産業の広報活動、子どもから高齢者までの健康づくりとスポーツの普及に協力をしてもらうことで、地域の活性化を図れる。企業は、宣伝活動や商品開発に選手・団体の協力を得ることができるので、ブランド力の向上とともに、活動自体から利益を生み出せるようになる。

　このビジネスプランを成功に導くためには、マネジメント能力が欠かせない。マイナー競技のクラブチームを魅力あるかたちでPRするには、経営分析が欠かせない。会計学やマーケティング理論を学び、企業や地域に無駄な負担を生まないようにしたい。そして、このビジネスプランの成功の鍵は、選手がオリンピックやワールドカップなどの国際大会で活躍できるかどうかにかかっている。選手が目標とする大会に向けてモチベーションを落とさないかたちでのマネジメントを模索しなくてはならない。そのためには、選手が行うスポーツへの理解を深めることとともに、人材マネジメントに対する研究も必要不可欠と考える。

まとめ ➡ 　貴学経営学部には、スポーツ経営学を専門としている教授がいる。また国内トップレベルのスポーツ選手も多数抱えている。私にとっては、最高の学習環境である。将来の夢実現のためには貴学経営学部でしっかりと経営の基礎を学びたい。

●経済・経営系の志望理由書を書くときの注意

①志望理由としては、将来やりたい仕事でも大学で学びたい内容でもどちらでもよい。ただ、将来やりたい仕事で、**特定の企業名を持ち出すのは好ましくない**。高校生でも「ソニー」や「資生堂」などの特定企業にあこがれを持っている人はいると思うが、大学志望理由書には、それを掲げないほうがよい。また、職業的目標を志望理由に掲げる場合、「経営者」「会計士」など経済・経営的イメージを浮かべやすい職業ならば特に注意は必要ないが、そうではない職業的目標を志望理由にする場合には、経済・経営系の学問を学ぶことの意義を必ず書くように注意しよう。

②〔模範例文4〕のように、具体的ビジョンの中で社会問題を取り上げた場合には、一番言いたいこと、つまり**志望理由と社会的意義がずれないように気をつけよう**。

③〔模範例文4〕には、「トレーサビリティ・システム」という、「食」の安全を理解するためのキーワードを使っているが、こういった専門用語は面接の際に、その意味を尋ねられる場合が多い。したがって、**正しく理解をして使用するようにしよう**。経済・経営系では、経済・経営用語、略語などを志望理由書に盛り込む人が多いので、盛り込んだ場合には、面接に備え、意味を頭の中にインプットしておこう。

④〔模範例文5〕のように、ビジネスプランを書く場合には、**大学での学びとの関連性を必ず書くこと**を忘れないでほしい。

⑤ビジネスプランを書く場合には、**実現の可能性を探る必要がある**。「ヒト・モノ・カネ・情報」がどう動くかを考えてまとめよう。もちろん、現在のキミが考え得る範囲で構わない。実現の可能性を探る姿勢が、意欲のアピールにつながる。

志望理由 ➡ 　私は貴学応用生物科学部に進学できたら、生産環境科学研究室で人と自然の共生を担うための研究をぜひ行いたい。

きっかけ ➡ 　私は高校でゴミのリサイクル活動の授業を受けてから、環境問題にとても興味を持っていた。大学に入ったら、ぜひ地球環境の改善に役立つ研究をしたいと思い、たくさんの大学の資料を調べているうちに、貴学のパンフレットに遭遇した。その中に、貴学卒業生が、廃棄物を原料とした環境にやさしいペットフードの開発を行っている紹介記事を発見した。私は「これだ」と思った。大好きな生物の実験に取り組みながら、環境問題に役立つ研究ができる貴学はまさしく私が探し求めていた大学である。

> 大学のパンフレットのことに触れている

社会的意義 ➡ 　産業革命以降現在に至るまで、人間は、豊かさを求めて、地球の限りある化石燃料から人工化学物質を開発し、消費物質を大量生産し、また大量廃棄してきた。そのことから有害な化学物質による環境汚染、環境破壊を生み出し、地球にダメージを与えている。

　人間が豊かさを求める欲望を完全に抑えることはできないが、これから人類は、環境を守りながら豊かな社会を維持するにはどうすればよいかを考えなくてはならない。生物応用化学では、微生物の持つ浄化能力が、石油による土壌汚染や海洋汚染の修復に使用されているとい

う。科学は地球を汚染したが、さらに地球を浄化するた
めに科学の力を利用するのが人間に課せられた使命であ
る。私はそのために、生物応用化学の研究を一生懸命に
やりたい。

まとめ ➡ 　以上が、貴学応用生物科学部に進学したい理由であ
る。

●理系の志望理由書を書くときの注意

①志望理由は将来やりたい仕事でも、大学で学びたい内容でもどちらで
もよい。

②理系の場合、**研究のための施設・実験設備が整っていることを「大学
ならではの特徴」**として挙げるのはおすすめだ。また、**自分が関心を
持っている分野を研究している人**が大学にいれば、それを取り上げる
のも有効だ。なお、〔模範例文6〕のように、志望理由のきっかけ説
明の中で、大学パンフレットの紹介記事に触れていれば、あらためて
最後のまとめの部分で「大学ならではの特徴」を挙げなくてもよいだ
ろう。

③理系の場合に、第三部に、調べた実験や統計のデータを書き込んだほ
うがよいのかと聞かれることがあるが、それは場合による。書き込む
ほうが説得力があると判断した場合にはそうしたほうがよいが、大し
て意味もなく、それを盛り込んだがために字数オーバーになるようだ
ったら、迷わず削ってよい。また**データを書き込む場合には、くれぐ
れも数字を間違えないように注意**しよう。

④理系の受験生は社会科に対する苦手意識から、あまり社会問題を取り
上げようとしない傾向がある。だから〔模範例文6〕第三部のように、
社会問題を取り上げてうまくまとめられると大学側の目を引くことに
なるだろう。

模範例文 7

志望理由 ➡ 　私は将来、ツアーコンダクターになりたい。そのために貴学短期大学部英語コミュニケーション学科観光ビジネスコースに進学したい。

きっかけ ➡ 　私は、高校１年生のときに母と祖母とカナダ周遊のパックツアーに参加した。そのときに添乗してくれたツアーコンダクターは、ツアー客だけでなく現地の人とも実に上手にコミュニケーションをとっていた。彼女がバスの中で冗談を言い、客がどっと笑うと、なぜ今日本人客が笑ったのかをカナダ人のバス運転手に説明する。「アサバスカ氷河」という名前を忘れないようにするには、明日の朝、バスを見たら「朝、バスか」と口にして、氷河を思い出せ、という話をした。それを英語でバス運転手に説明する。彼女が日本語の駄洒落を一生懸命英語で伝えようとしている姿はおかしかったが、同時に、その伝えようとする努力と工夫の姿勢はすばらしいと思った。このときから私は、彼女のように積極的なコミュニケーションを図れるツアーコンダクターになりたいと思った。

社会的意義 ➡ 　日本にはまだまだ「海外に行ったことはないが行ってみたい」と願う人たちは高齢者を中心にたくさんいる。私の祖母も、今回のカナダ周遊パックツアーの参加が初めての海外旅行だった。それまでは行きたい気持ちはあっても不安が先にたち、重い腰を上げることができなかったという。祖母は、外国に行ったら日常的なコミュニ

ケーションができずに困り果ててしまうのではないかと、不安に思っていた。おそらく祖母と同じような不安から、海外旅行に中々出かけられない高齢者は多いはずだ。私は、ツアーコンダクターという仕事を通じて、そんな人たちと外国の人たちとの仲介役ができればよいと思っている。

まとめ ➡ 　貴学短期大学部英語コミュニケーション学科観光ビジネスコースでは、観光概論、観光英語、ホスピタリティ論など観光に特化した授業が充実している。これらの講義は、私がツアーコンダクターになったときの実践力になるだろう。また、検定対策講座として「旅程管理研修」が置かれていて、努力次第で在学中に旅程管理主任者の資格を取得できる点も魅力だ。以上の点から、貴学短期大学部英語コミュニケーション学科観光ビジネスコースは、私が将来の目標に向かって学ぶのに最もふさわしい場であると確信した。

●短大（語学系）の志望理由書を書くときの注意

①短大の場合、**実学志向が強い**ので、［模範例文7］のように将来やりたい仕事を前面に打ち出して、その目標実現のための学びの環境がいかに充実しているのかをアピールするのが得策だろう。

②仕事に直接結びつかない科目に興味を持ち、どうしてもそれを志望理由として書きたいのならば、教養として、その学びを通じて人間的成長を図れるという方向で書くとよいだろう。

⑥ 文学・芸術系

例 文 **8** ※長めの文例（3000字程度）

志望理由 ➡️ 　私は、○○大学文学部フランス文学科に進んで、バル
ザックを中心とした19世紀小説について勉強したいと
思っている。

きっかけ ➡️ 　私がバルザックの小説の中で最初に読んだのは、『ゴ
リオ爺さん』である。大学で文学の講義を聞いた兄は、
この本に挑戦してみて、最後まで読めなかったらしい。
そこで、兄は私に「おまえがこれを最後まで読めるはず
がない」と言って、本を渡してくれた。私は意地になっ
て、最後まで読んだ。

　ゴリオ爺さんの住む下宿屋の紹介から小説は始まる。
下宿屋を営むヴォケール夫人の過去、下宿屋の状況の細
かい説明と続く。長々と壁や家財道具やヴォケール夫人
の飼う猫が細かく描写され、次にここに住む7人の住人
たちが次々と紹介されていく。いつまでたっても話が始
まらない。やっと主人公が出てきて話が始まるのかと思
ったら、今度は長々とこの人物がゴリオ爺さんと呼ばれ
るようになった理由が語られ、ゴリオ爺さんに対する周
囲の人々のうわさ話が紹介される。結局、話が始まった
のは50ページ過ぎてからだった。

　兄に「最後まで読めるはずがない」と言われた理由が
よくわかった。だが、いったん話が始まると、物語は最
高におもしろかった。ゴリオ爺さんもラスティニャック

もヴォトランも、まるで生きているように私の目の前で動き出した。欲望にかられ、衝突を重ねながら生きていく人間の姿をこれほど強烈に描いた小説を、私はこれまで読んだことがなかった。テレビドラマでも、これほどの人間模様を見たことはなかった。最後の、ヴォトランがパリの街を見て勝負を挑む場面では涙を流しそうなほど感動した。

だが、私が最も興味を引かれたのは、ストーリー以上に最初の長い長い描写の意味だ。私たち現代の読者には、あの描写は退屈で仕方がない。しかも、細かく描写されればされるほど、むしろ、状況が目に浮かばなくなる。あの描写さえなければ、バルザックももっと読まれるはずである。描写は私たちにとって、わざわざ小説をつまらなくしているだけに見える。それなのに、なぜ、バルザックはあのような退屈な描写をしたのだろう。描写によって何をしたかったのか。当時の読者は、あのような描写を退屈せずに読んだのだろうか。次々と疑問を感じた。

具体的ビジョン ➡ 私の通う予備校の現代文の先生は西洋文学が専門だと知ったので、先生にこのことを尋ねてみた。すると、先生は次のように説明してくれた。

「ユダヤ・キリスト教の神は土でアダムを創ってそれに息を吹き込んだ。それと同じように、欧米の作家は、小説の舞台を作って、そこに人間を入れ、次に登場人物に息を吹き込む。もし、描写が不十分な場合、しっかりした現実ができないまま物語が始まるので、西洋の人間はリアリティを感じないのではないか。舞台がはっきり

決まってこそ、そこに登場する人物は、読むものには生きた人間に思われる。だから、19世紀の作家たちは、描写をした。バルザックだけでなく、『赤と黒』などを書いたスタンダールも同じような傾向があるし、イギリスやドイツの小説は描写が多い。」

　私は、この説明を聞いて、かなり理解できた気がした。だが、まだ疑問点があった。私が考えたのは、もし予備校の先生の言うとおりだとすると、キリスト教の影響が薄れてきた時代には、バルザックのような描写は減っているのではないかということだった。

　そこで、そのことを確かめるために、先生にカミュの『異邦人』を借りた。この本は、1942年の発表で、カミュは無神論者だったという。内容的に、私はこの本には大きな感銘を受けたが、ここにはバルザックのような描写は一切なかった。事実が直接的に描かれていた。ムルソーが殺人を犯す場面では、海辺の様子や太陽の様子が描かれるが、バルザックのように精密に世界を描くことはない。

　この2冊の本を見る限り、予備校の先生の言うように、神への信仰が薄れるにつれて、描写が精密でなくなっていくことは確かめられた。

　だが、同時に、よけいにわからなくなった点もたくさんあった。私が疑問に思った点を整理すると、以下のようになる。

①もし、この予備校の先生の言っていることが正しいとすれば、小説というのは神が世界を作るように、作家が

作る現実ということになる。その考えは正しいのだろう
か。小説を単に読者を楽しませるための作り話だと思っ
ていたそれまでの私の考えは間違いなのか。

②もし、この説が正しいとすれば、19世紀のヨーロッ
パの作家たちは神様の存在を信じていたために、神が世
界を創るのをまねて小説世界を創ったということになる
のだろう。そのような意識が、バルザックやスタンダー
ルにあったのか。当時の読者にあったのか。

③現代の作家は19世紀の作家ほど描写をしないと思わ
れるが、それは、作家たちが神を信じなくなったという
ことなのだろうか。カミュだけでなく、ほかの作家でも
同じようなことがいえるのか。

④小説の中で、描写は歴史的にどのような意味を持って
きたのだろうか。神を信じていた時代と、信じなくなっ
た時代には、描写のあり方に変化はあるのだろうか。今
では、バルザックとは別の意味での描写をしている作家
はいないのだろうか。

⑤現代の作家は、描写をどのように考えているのか。特
に、神を信じていない日本の作家は、描写をどのように
扱っているか。それは西洋の作家や、遠藤周作などの日
本のキリスト教作家とどのように違うのか。

⑥描写だけでなく、登場人物の行動や性格、作家の文章
などに、神を信じていたころと信じなくなってからで、
何か決定的な変化はあるのか。たとえば、キリスト教信
者だったのに、それを否定した作家や、逆に途中からキ
リスト教を信じ始めた作家がいるだろう。そのような作
家たちは、キリスト教を信じるようになったり信じない

ようになったりした前後で、小説の作り方に変化はある
のか。

⑦そもそも、キリスト教とはどんな考え方なのか。西洋
の人にどのような精神的影響を与えているのか。

まとめ ➡ 　私はフランス文学科に入学したら、以上の疑問点につ
いて勉強していきたい。だが、もちろん、このすべてを
理解できるとは思っていない。ここに書いたような疑問
点を忘れないようにしながら、まずバルザックの代表作
をいくつか読んでみたい。そして、バルザックが描写を
どのように考えていたのかを、私なりに理解したいと思
っている。

　貴大学文学部フランス文学科には、バルザックの翻訳
書を出している●●先生がおられる。私は、●●先生の
指導の下で、バルザックの小説の勉強をしたい。そし
て、ほかの先生方の下でフランス語やバルザック以前の
18世紀文学やバルザック以後の現代文学を学びながら、
フランス語の蔵書に恵まれた環境で先ほど述べた謎に挑
んでいきたいと考えている。

●文学・芸術系の志望理由書を書くときの注意

①文学部で文学研究を行いたい人、そして芸術系の学部に進みたい人
は、とにかく**その分野が好きなことをアピール**したほうがよい。もち
ろん単に好きなだけでなく、大学で学ぶにあたって、考えた形跡、学
習した形跡を示したうえで、熱い思いを伝えること。

②芸術系の場合には、学科によっては、将来の職業目標がわかりやすい
学科がある。写真学科、声楽科など。その場合にはもちろんその将来
目標を志望理由に挙げても構わない。

③文学部の場合にも、将来の職業的目標を挙げても構わないが、**思って
もいないことを書くのはやめよう**。パンフレットの「取れる資格欄」
にあったからといって、無理やり「学芸員になりたい」などと書かな
いようにしよう。そんなことを書くより、その分野が好きなことをア
ピールするほうが好感を持たれる。

学際系

<table>
<tr><td>模範
例文</td><td>**9**</td><td>※長めの文例（2000字程度）</td></tr>
</table>

志望理由 ◆ 　私は、「企業ブランドにおける正義感の重要性」について研究したい。それが○○大学総合政策学部を志望する理由である。

きっかけ ◆ 　新聞紙上には、ひんぱんに企業のお詫び広告が掲載されている。不正表示や欠陥商品から大きな事件に発展して社会的に糾弾された企業だけではない。ときには、その広告を見なければ世間の多くの人は認識をすることがなかった企業の失態までも掲載されている。お詫びの内容は次の2つのパターンが多い。1つは、「万一の事故を起こす可能性がある」といった危険性があることをお詫びしつつ点検もしくは回収をお願いする広告である。もう1つは、関連企業が不祥事を起こしたために「自社は悪くないがいっしょに仕事をした仲間として」詫びる広告である。もちろん、事故を未然に防ぐ対策の1つとして広告を打つことは企業として当然やらなくてはならないことだろう。また、関連企業に対する非難が飛び火するのを何かしらの手立てで防ぐのも、企業としては当然行うべき方策だろう。したがって、お詫び広告を出すことの妥当性は理解できる。だが、私は、お詫び広告の中に、妥当性以外の、神経質なまでの「正義感のアピール」を感じてしまう。企業にとって、正義感をアピールすることはどれほど価値があることなのか。この疑問を

75

解消したいという思いが、「企業ブランドにおける正義
感の重要性」を研究しようと思ったきっかけである。

具体的ビジョン ➡ 　私は研究を行うにあたって、まずは、企業側と消費者
側の両者が認識する企業ブランドとはどういうものかを
把握したい。

　企業は、企業ブランドをどのように育てているのだろ
うか。食品、薬品、自動車、保険、金融、ITなど、複
数の業種からそれぞれ1社を選び、企業ブランドの構築
状況を調べてみたい。

　今日、企業は、高機能、高品質の商品を作るだけで
は、企業のブランド価値を高めることができないといわ
れる。ブランドを高めるには、商品の生産、流通、購
買、消費が関わるあらゆる環境に配慮することが必要と
なっているようだ。あらゆる環境とは、例えば、労働環
境、公害環境、福祉環境などが挙げられる。このよう
な、商品づくりとは別の環境に対する目配りと働きかけ
がブランド構築にどれほど重要な意味を持っているのだ
ろうか。

　一方、消費者が求める企業ブランドとは、どのような
イメージのものなのか。アンケートとインタビューの両
方を用いて、学生、社会人、高齢者という3つのグルー
プに分けて調査を行いたい。

　消費者にとって、ブランド商品とは、なりたい自分を
演出するものである。たとえば、ルイ・ヴィトンのバッ
グを買うことは、ルイ・ヴィトンの持つ高級な、あるい
は消費者が思い描く様々な、ブランドイメージを自分に
植え付けることになる。となると、消費者は企業ブラン

ドに何を求めているのだろう。果たして消費者は、なりたい自分にしてくれるブランド商品の送り手をどうあるべきと考えているのだろうか。

　企業、消費者の企業ブランドに対する認識把握ができたら、次に、海外における企業ブランドのあり方との比較を試みたい。私は、日本企業の神経質なまでの「正義感のアピール」には、日本文化の影響が多分にあるのではないかと推測している。日本人は個人意識が弱く、集団で行動し、集団的に思考する傾向が強い。だから、周囲の考え、周囲の動向を気にする。

　企業の「正義感のアピール」も、企業自身が正義感を売り物にしたいわけではなく、周囲を気にして、日本という社会からつまはじきにあわないように、過敏に反応しているのではないだろうか。消費者もおそらく一人一人は、企業ブランドイメージの中で正義感はさして重要視していないはずだ。正義感に反した企業に異を唱えない自分が周囲から除け者にならないために、企業ブランドに正義感を求めるのではないだろうか。

　海外における企業ブランドのあり方と比較することで、その答えは得られるのではないかと考える。

　私は「企業ブランドにおける正義感の重要性」に関する研究を通じて、これからの日本社会における企業ブランドのあり方を提案したいと思う。そこに正義感がどれほどの重要性を帯びてくるかはここに挙げた調査・研究を終えるまではわからないが、主体的な思考によるブランド構築が必要であることはほぼ間違いないと考える。

まとめ ➡　貴学総合政策学部では、横断的に幅広い分野を学べる

点が魅力だ。特に、多数の経済学の科目に加え、比較文化論について学べる点が私の研究テーマを学ぶ場として最適だと思った。

　以上が貴学総合政策学部を志望する理由である。

●学際系の学部の志望理由書を書くときの注意

①志望理由は、将来の職業的目標でも大学で学びたい内容でもどちらでもよい。

②学際系の学部は、法学系、経済学系、文学系、理工学系などの学問系統にとらわれずに、**様々な分野の学問を横断的に学べる点が特徴**だ。ぜひこの点を踏まえて志望理由をまとめるようにしてほしい。そうでないと、面接で「キミの志望理由なら法学部のほうが勉強しやすい」などと、選択の過ちを指摘される可能性もある。

③必然的に様々な分野の話題に触れなくてはならないので、**話が空中分解しないように気をつけよう**。〔模範例文9〕のように、字数の多い文書を作成するときには、特に注意が必要だ。

第3章

自己推薦書完全攻略マニュアル‼

自己推薦書を書くには

よい自己推薦書を書くためのポイントは３つある。

第１のポイントは、大学にぜひ知ってもらいたい**自分のセールスポイントを１つにしぼり、それをテーマにまとめる**ことだ。売り込みたい長所がたくさんあるからといって、あれこれ書いてはインパクトが弱くなる。

第２のポイントは、示したセールスポイントが**本当であることを示す**ことだ。志望理由書同様に、提出書類であるから、他人が書いたものをそのまま引き写すことも可能だ。だからそのような疑いを持たれないように、セールスポイントの裏付けとなる事実を書くことが必要だ。

第３のポイントは、自分のセールスポイントを、**将来どのように活かしたいかを書く**ことだ。単なる自己紹介に終わらせず、客観的に見つめた自己を、大学生活、大学での学び、将来の夢に対してどう活かすかを示すことで、志望大学に籍を置く人物としてどれほどの価値があるかをアピールできる。

以上３つのポイントを頭に入れて自己推薦書をまとめよう。この３つのポイントを順番に並べ、最後に全体のまとめを加えることで、まとまりがあってアピール力のある自己推薦書になる。

> **！ 自己推薦書のポイント**
>
> （1）セールスポイントをしぼる
> （2）セールスポイントが本当であることを示す
> （3）将来どのように活かすかを書く

自己推薦書の書き方

四部構成で書く

　自己推薦書は、次の四部構成でまとめるとよい。

第一部　大学にぜひ知ってもらいたい自分のセールスポイント

　個性、人柄、能力、信条、価値観など、大学にぜひ知ってもらいたい自分の**内面上のセールスポイント**を書く。1〜3行程度で簡潔にまとめる。

　例「私のセールスポイントは〜である。」

　　　「〜というのが私の信条である。」

第二部　セールスポイントの裏付け

　第一部で示したセールスポイントを裏付けるエピソードを書く。高校生・浪人生はできる限り、**高校時代の話がよい**。小中学校時代では時間が経ちすぎているし、最も売り込みたいセールスポイントなのに、高校時代のエピソードが全くないのは妙に思われる。

第三部　セールスポイントの将来的展望

　セールスポイントを大学生活、大学での学び、**将来の夢に対してどう活かすか**を書く。

　なお、志望理由書の提出がない場合には、ここで、「志望大学ならではの特徴」に触れ、志望大学は、**自分のような特性を持つ人物が学ぶのに最もふさわしい大学であること**を示す。

締めくくりの一文を書けばよい。

例 「以上の理由により、貴学○○学部に自らを推薦する。」

●自己推薦書の記入例

では、模範例文を示そう。

模範 例文 **1**　"行動力をアピール!"

セールスポイント➡　私のセールスポイントは行動力がある点だ。

裏付け ➡　私は高校2年生になってから、演劇部に入部した。演劇を観ることが好きだったので、「裏方仕事で何か手伝えることがあったらやりたい」と軽い気持ちで入部を志願したが、いきなり演出を任されることになった。私は演劇を観ることはしてきたが、作り方については全く知らなかったので、それから半年間は演劇の勉強に明け暮れる毎日だった。

演出に関する本を何冊も読んだ。また照明と音響を担当する部員からその演出効果に対する説明を何度も受けた。夏休みを利用して、プロ劇団のワークショップに参加して、演技とはどういうものかを身をもって体験した。このようにして様々な方向から演劇を学ぶうちに、最初は手探りだった演出も徐々に意図を持って行えるようになった。そして無事公演までに演出を終え、本番を迎えることができた。

私は、引き受けた以上は責任を持ってやりたいと思っ

た。責任を果たすには、とにかく「演劇を知る」ための行動をすぐに起こさなくてはならないと思った。そして、すぐに行動に移したからこそ、なんとか目的を達成することができた。「行動しながら考えることで、きっと道は開ける」と、私はこの体験を通して思った。

将来的展望 ➡ 私は将来臨床心理士になりたい。臨床心理士の仕事も、見当がつかない中でいろいろな行動をしながら、解決の糸口にたどり着く仕事だと思う。私が取材した臨床心理士の方は引きこもりになった少年を知るために彼の愛読していたコミックを全巻読むところから始めたという。臨床心理士のもとを訪れる人の「心の問題」は一人一人異なる。だから常に暗中模索をする仕事かもしれない。しかし行動力があれば、解決の糸口を見つけられる可能性も広がるはずだ。その意味で行動力という私のセールスポイントは臨床心理士の仕事に役立てられると信じている。

夢の実現のためには、貴学で心理学の基礎をしっかり学ぶ必要がある。持ち前の行動力で調査、演習などでは積極的に動きまわりたい。

まとめ ➡ 以上の理由で、貴学心理学部に自らを推薦する。

3 合格の自己推薦書に近づくためのQ&A

基本構成法、模範例文を見ることで、頭の中ではどう書けばよいかわかったであろう。だが、実際に書いてみるとなかなか思いどおりにいかないものだ。さらに細かい書き方のコツをQ&A方式で紹介しよう。

 Q1 "セールスポイント"はスポーツや資格取得などの実績ではダメですか。

 A

スポーツや資格取得などの実績は、自己推薦書には取り立てて書かなくてもよい。そのような実績を評価する大学では、たいてい活動報告書の提出があるはずだ。賞状などのコピーを添付するように指示している大学もある。活動報告書や賞状を見れば一目瞭然のものを、わざわざ文章でまとめ直す必要はない。

自己推薦書は、そういった、すでに見えるかたちになっているものでなく、見えないもの、つまり**キミの内面にあるセールスポイント**をアピールするものだ。どれだけその大学・学部で学ぶのにふさわしい資質を備えているかどうかを示すための書類である。

なお、時たま、活動実績を自己推薦書に書くように指示している大学もあるが、その場合には用紙の終わりに箇条書きで付け加えるかたちがわかりやすくてよい。内面にあるセールスポイントと実績をきちんと分けて記すほうが、大学も見やすい。

セールスポイントは１つにしぼるほうがよいのでしょうか。

　優柔不断な人や自分に自信がありすぎる人の中には、セールスポイントをいくつも羅列して自己推薦書に書く人がいるが、やはりそれではインパクトが弱く、焦点ボケの印象を与えてしまう。自己推薦書は面接の重要書類でもあるから、キミ自身がどんな人物であるかをわかりやすく伝えることが重要だ。そのためには、**セールスポイントを１つにしぼり、その点を「裏付け」と「将来的展望」で掘り下げる**ことで、より強い印象として面接官の記憶にとどめてもらうほうが賢明だ。

失 敗 例
　私には行動力がある。リーダーシップを発揮することもできる。そして忍耐力もある。ユーモアのセンスもある。人に対してはやさしい。そして誰とでもすぐに打ち解けられる。……

　確かにこの人が羅列した６つのセールスポイントはどれも本当かもしれない。
　しかし、その全てを印象付けるために、裏付けや将来的展望を書いていたら、膨大な長さになってしまい、所定の用紙の中に収まりきらなくなる。それでは話にならない。自己推薦書の中で売り込むものは１つにしぼり、他は思い切って切り捨てよう。
　それがどうしてもできなければ、１つメインとなるセールスポイントを決め、他のセールスポイントはそのメインのセールスポイントを引き立てる要素として盛り込もう。
　例えば「忍耐力がある点」をメインのセールスポイントにした場合に、

「忍耐強さがあったから周りから信頼を得た。それがリーダーシップを発揮できた最大の理由である」などというかたちでアピールする。

「誰とでもすぐに打ち解けられる点」をメインのセールスポイントにした場合に、「やさしさ」や「ユーモア」がその秘訣（ひけつ）というかたちで、説明するのもよいだろう。

ここで、「忍耐力がある点」をメインのセールスポイントに据えて、［模範例文1］を書き換えてみよう。「忍耐強さがあったから、リーダーシップを発揮することもできた」という内容になっている。

模範例文 1-2 "忍耐力をアピール！"

セールスポイント➡ 私のセールスポイントは忍耐強い点にある。

裏付け➡ 私は高校2年生になってから、演劇部に入部した。演劇を観ることが好きだったので、「裏方仕事で何か手伝えることがあったらやりたい」と軽い気持ちで入部を志願したが、いきなり演出を任されることになった。私は演劇を観ることはしてきたが、作り方については全く知らなかったので、それから半年間は演劇の勉強に明け暮れる毎日だった。

短期集中ではあったが、演劇の基礎を勉強したことで、自分なりにどう演出していけばよいか、方針を固めることができた。方針とは、演技プランに関しては決して押し付けはせず、役者が悩んでいる点に関しては、対話をしながら共に考えて、最終的にどうするかは役者に決めてもらうことだった。途中数人の役者が演技の方向性がわからなくなり、練習の進行は予定より遅れたが、私は我慢をして、役者自らが解決にたどりつくのを待っ

た。ピンチの時でさえも最初に決めた方針を変えずに信念を貫いたことで、役者たちは私の演出を信頼し、ついてきてくれた。そして無事公演前日までに演出を終えて、本番を迎えることができた。

　私は演劇の演出を通して、集団を引っ張っていくには、何が起ころうとも決めた方針を貫き通す忍耐強さが必要であることを学んだ。

将来的展望 ➡　私は将来臨床心理士になりたい。臨床心理士は忍耐強さが求められる仕事だと思う。「心の問題」は一人一人異なる。見当がつかないケースも多いという。しかし忍耐力があれば、解決の糸口を見つけられる可能性も広がるはずだ。そして、解決のための方針が見つけられたら、その方針に従い、ケアに当たるが、ここでも、忍耐強さが求められるだろう。「心の問題」を扱う場合に、決して解決を急いではならないと、私は取材をした臨床心理士の方に聞いた。その意味で私の持ち味である忍耐強さは、臨床心理士には欠かせない資質であろう。

　貴学心理学部で学ぶ心理学の基礎は相当な量であるが、臨床心理士になるには、幅広い心理学の素養が必要だと聞いている。将来臨床心理士になるために、貴学での４年間の学習に音をあげずにがんばりたい。

まとめ ➡　以上が、貴学心理学部に自らを推薦する理由である。

どうしても、１つにしぼりきれない人、セールスポイントが思い浮かばない人は、志望大学・学部の「アドミッション・ポリシー（入学者受け入れ方針）」を確認してほしい。そこに必ず**求める学生像**が記載されている。そこに示されている「大学が求めている特性」から「自分

にもそんな面が少しはあるかも……」と思える点があったら、それを自分のセールスポイントにしよう。

　既にセールスポイントを定めた人も、自己推薦書を書く前に志望大学・学部の「求める学生像」は確認しておいたほうがよい。自分がアピールしようと思っているセールスポイントが、的外れでないかどうかをチェックするためだ。

　〔模範例文1〕のように、その大学に入る目的が将来目指す職業に就くためならば、その仕事を目指すための入門書を読んでみるのもよいかもしれない。入門書には、どういう人が、その職業を目指すのに向いているかといったことが書かれてあるので、セールスポイントを吟味するには役に立つだろう。

 自己推薦書には、自分の短所は書かなくてもよいのですか。

　書く必要はない。ときどき自己推薦書を自己分析書と勘違いをして、長所、短所を織り交ぜて書く人がいる。だが自己推薦書は、自分のセールスポイントをアピールするためのものだ。**短所を書く余裕があったら、自分のセールスポイントをいかに効果的に伝えるかに骨を折ったほうがよい。**したがって、大学側から「短所を織り交ぜて書くように」との指示がないかぎり、短所は書く必要はない。

失 敗 例　私は誰とでもすぐに打ち解けられる性格である。だがその反面、自分独自のこだわりを持てず、人に流されやすい性格ともいえる。……

このように、せっかく長所を打ち出しても、正直さや照れくささが邪魔をして、短所を織り交ぜてしまい、長所の威力を半減させてしまう人がいる。これではいけない。しっかり売り込まなくてはいけない。

「誰とでも打ち解けられる性格」をセールスポイントにしたならば、その裏付けと、その特性を将来どのように活かしていくべきかに全力を注ぐ。セールスポイントを打ち消すような文章は一切いらない。

 志望大学に応じて都合のよいセールスポイントはありますか。
....

どの大学も、アドミッション・ポリシーの中で「求める学生像」を掲げている。そこで表されている人物の特性をセールスポイントにするほうがよい。もちろん、セールスポイントは、自分の売り込みたい面をアピールするのが基本だ。したがって、自分のセールスポイントと打ち出している特性が一致する大学・学部を受験するのが最もよい。行きたい大学が打ち出している特性と、自分のセールスポイントと相性が合わないときもある。そんな場合には、自分のセールスポイントを、「求める学生像」に表されている特性になんとか近づけられないかを考えてみるとよい。自分のセールスポイントが「やさしさ」で、大学の打ち出している特性が「リーダー性」だったら、「やさしさを用いたリーダーシップ発揮法」をアピールすることを一度考えてみよう。

大学が打ち出している特性のうち、次の2つは取り扱いに注意しよう。**「論理的思考力」**と**「知的好奇心」**だ。この2つは多くの大学の「求める学生像」に書いてある。だが「私には論理的思考力がある。……」などとセールスポイントを打ち出して、そこに書かれた文章が全く論理的でなかった場合には、どんなにすばらしいエピソードを盛り込んでも

何の説得力も持たなくなる。

「知的好奇心」についても同様だ。書かれた文章から全く知的好奇心が感じられなければ、どれほど言葉を尽くしてもよい評価はもらえない。

したがって、この2つをセールスポイントとして示すのはあまり得策ではない。むしろ、他のよい面をアピールして、**「論理的思考力」**や**「知的好奇心」は自己推薦書の文章全体から感じさせるほうがよい。**

 どの大学でも好まれるセールスポイントはありますか。

各大学が「求める学生像」を、様々な言葉で表現しているが、ほとんどの大学で通用するのが、**「リーダー性」**と**「協調性」**だ。学校の成績やペーパーテストの結果だけに頼らず、人物重視の入試を行う大学のねらいは、もちろん、自らの大学を活性化させるためである。

集団を引っ張っていく「リーダー性」のある人物がいると、ゼミや実習を行う際に活気が生まれる。そして、大学の研究や実社会におけるリーダーとなる人物を育てたいという大学のビジョンがある。だから、「リーダー性」のある人物は学部に関係なく、どこの大学もほしがる。

実学を身につける場であっても、高度な研究を行う場であっても、大学というのは人と人とが協力し合って進めることが多い。「協調性」を持った人物がいることで、ゼミや実習も円滑に進行するようになる。また、1人でやるより集団でやるほうが高度な研究や実験ができる。しかし、その集団パワーを引き出すにはメンバーの協調性が欠かせない。大学は今後企業と連携して研究や調査を進めることが多くなる。グローバル化は大学の中でも例外ではないから、異文化を背負った人たちといっしょに研究や実験を進める必要もある。だから、大学にとって「協調

性」は、これからの学生に求める大切な資質なのだ。文部科学省が打ち出している学力３要素の１つ「主体性を持って多様な人々と協働して学ぶ態度（主体性・多様性・協働性）」とは、まさに「リーダー性」と「協調性」が備わっていてこそ体現しやすいといえるだろう。

　ただ「リーダー性」にしても「協調性」にしても、各大学が声高に言っていることなので、これらをセールスポイントにするライバルは多いかもしれない。

　だから、例えば、「リーダー性」のあることを訴えたい場合には、単に「部活動の部長を務めた」「生徒会長だった」と報告するだけではアピール度は低い。特に総合型選抜では、同じような立場にいたライバルは山ほどいるはずだ。そのため、どうリーダーシップを発揮したのかなど、**具体的な説明で個性を訴えること**が重要だ。

　また、他のセールスポイントをメインに据えて、その裏付けとなる個人的体験の紹介の中で、「リーダー性」や「協調性」も備わっていることを伝えるのも有効なアピールの仕方だ。〔模範例文１〕では、「行動力」、〔模範例文1-2〕では「忍耐力」をもって集団を引っ張ってきたという個性的なリーダーシップ発揮法が紹介されている。このアピールの仕方ならば、冒頭の１行から他のライバルとの差異を生むことができる。

 裏付けとなる体験は１つにしぼるほうがよいのでしょうか。

　できる限り１つにしぼったほうがよい。自己推薦書の字数にも限りがあるので、通常はいくつも体験話をしている余裕はない。無理やり入れようとすると、単にエピソードを羅列しただけに終わってしまう。

　体験話はセールスポイントの意味をもう一歩掘り下げて説明するため

のものでありたい。たとえば〔模範例文1〕の裏付けとなる体験話は、「行動力」の原動力となっているのは責任感であることを語っている。こうすることで、説得力はぐんと高まり、キミ独自の「行動力」のアピールにもなる。

　2000字程度の長めの自己推薦書を求められた場合には2つ以上のエピソードを盛り込むのもよいかもしれない。その場合にも、単なるエピソードの羅列に終わらせず、セールスポイントを2つの面から掘り下げて説明することを心がけるとよい。〔模範例文1〕では「行動力」の原動力について説明しているが、例えば、「行動力」の発揮の仕方や、「行動力」を示すことでのコミュニケーションにおける効用などをもう1つのエピソードから説明するとよい。

 将来的な展望は志望理由書と内容的に重なっていてもよいのでしょうか。

　もちろん構わない。どちらもキミという人間を表しているのだから、むしろ志望理由書との連動性があるほうが自然だ。志望理由書で描いた具体的なビジョンをコンパクトにまとめ、それを成し遂げる資質を自分が備えていることをアピールすればよい。

4 読めばますます理解が深まる模範例文集

　それでは、ここで学んだ注意を復習する意味で、以下に紹介する模範例文を読んでほしい。

模範例文 2 "物怖じしない性格をアピール!"

セールスポイント ➡ 　私の長所は物怖じしない性格である。

裏付け ➡ 　私は高校に入ってから剣道部に入部した。私が高校に入った最初の夏は、大変暑く、35度を超える猛暑が連日のように続いた。そんな中、夏休みの稽古中に、私と同級生であった1年生5人が突然退部した。暑さで心身ともに参ってしまったらしい。上級生は、「今年の1年生は根性がない」の一言でこの問題を片付けようとしたが、私は暑さに耐えることよりも、暑さを避けての稽古のやり方を工夫すべきではないかと思い、そのことを上級生に進言した。彼らは最初は耳を貸そうとしなかったが、だんだんに理解してくれるようになった。最後には剣道部顧問に夏の稽古時間を夕方の時間帯に変更する提案をいっしょにしてくれるまで合意がとれるようになった。そしてその夏の後半から、剣道部の稽古は夕方の時間帯に集中して行われるようになった。

　この改革を境に、剣道部は短時間でいかに効果的な稽古をするかを部員全員で話し合う機会が多くなった。部員一人一人が稽古のやり方を考えるようになったことが

功を奏したのか、大会成績も前年度よりアップした。

　私は、この経験を通して、物怖じせずに意見を言うことの大切さを知った。問題があっても誰かが意見を発しなければ解決には至らない。そして誰かが意見を述べることで、みんなが解決に向けて知恵をしぼるようになる。メンバー一人一人が自発的になることで集団の力は向上する。結束力も高まる。私は高校２年の夏から剣道部の主将を引き継いだが、部員が稽古のやり方についてさらに意見を出しやすいように部の運営を工夫した。

将来的展望 ➡　私は将来自ら起業したいと思っている。ビジネスをやっていくうえでは、物怖じせずにどんどんアイデアを打ち出すことが必要であろう。また、社員が萎縮せずに活発に意見を出せる環境づくりも行わなくてはならない。物怖じしない性格であり、「物怖じしないで意見を出すことの大切さ」を知っている私は、まさに起業家向きであると考える。

　だが、ビジネスの場で意見を出すためには、経済の基礎をしっかり理解していなければできない。責任ある意見を出せるように、まずは貴学で経済・経営の基礎をしっかり学びたいと考える。

まとめ ➡　以上の理由から貴学経営学部に自らを推薦する。

模範例文 3　"自分の信条をアピール！"

セールスポイント ➡　私は「異なる価値観を持った人の意見にも耳を傾けること」が人間にとって最も大切だと信じている。

裏付け ➡　このような考えを抱くようになったきっかけは、父の

仕事の関係で小中学生時代を海外で暮らしたからであろう。私が暮らしたイギリス、フランス、カナダでは、人種、宗教、母語などで異なる文化を持つ人たちがいっしょに生活をしているのが日常であった。そこでは、常に他者を尊重することが学校だけでなく社会の教育としてあった。

　ところが日本では状況が違うように思えた。私は高校2年生のときに「いじめ」をテーマにした高校生の公開討論会を聞きに出かけた。そこでは、ブラジルでの生活が長かった1人の男子生徒が、日本に帰国してからいじめにあったことを告白していた。いじめの原因は彼のコミュニケーションのとり方に異質のものがあり、受け入れられなかったためだという。討論はあちこちに及んだが、この男子生徒の件について、司会者が「確かにいじめを行った側に問題がある」と前置きをしたあとで「『郷に入っては郷に従え』という言葉があるように、日本式のコミュニケーションのとり方を学ぶ必要もある」と諭した。私はこの司会者の発言にかなりの違和感を覚えた。元来日本人は異文化交流が苦手で、社会で同一の価値観を持ちたがる気質があると本で読んだことがあるが、今後のグローバル化した社会では、そのような考えは通用しないのではないだろうか。私は人種や国籍にとらわれないグローバル化した社会こそこれからの人間が生活する理想的な社会と考える。ただそこでは、「異なる価値観を持った人の意見にも耳を傾けること」が、社会生活を行っていくうえで大切な信条となろう。

将来的展望 ➡　私は貴学国際文化学部へ進学できたら、様々な国が抱

えている異文化間における交流と衝突について学びたいと思う。異なる価値観を理解するすばらしさと難しさを知ることで、私は「異なる価値観を持った人の意見にも耳を傾ける」という信条にさらに深い価値を見出せると考える。

まとめ ➡ 以上が貴学に自らを推薦する理由である。

模範例文 4 "打ち解けやすい性格をアピール!"

セールスポイント ➡ 私は誰とでもすぐに仲良くなれる性格である。

裏付け ➡ 私は高校2年生の夏休みにアメリカに12日間の短期留学をした。本来は2週間の予定だったが、私は親戚に不幸があり、出発が他の人より2日遅れたため、12日間の留学となった。私が現地校に到着したときは、既に日本から向かった30名の留学生仲間はだいぶ打ち解けている様子だった。このような場合、後から加わる立場であると、周りに圧倒されて遠慮がちになるものだが、私には全くそういう点がなかった。到着したその日から、すぐに輪の中に入ることができた。そして留学最終日には、多くの友人から日本に帰国してからまた会いたいと言ってもらえた。私は人と話すときに心がけていることが3つある。「笑顔を絶やさないこと」、「はっきりと話すこと」、「相手の話に興味を持つこと」である。この3つの心がけが、私が誰とでも仲良くなれる秘訣である。いつものようにこの3つを心がけて留学生仲間と交流をしたからこそ、「遅れて到着」という状況でもすぐに全員と仲良くなれたのだと思う。

将来的展望 ➠ 　私の将来の夢は国際線のキャビンアテンダントになる
　　　　　　ことだ。キャビンアテンダントにはコミュニケーション
　　　　　　能力の高さが求められる。私は、３つの心がけを持って
　　　　　　接すれば、多くの乗客とよいコミュニケーションを図れ
　　　　　　るのではないかと思う。ただ、世界の様々な国や地域の
　　　　　　人と円滑なコミュニケーションをとるには、異文化に対
　　　　　　する理解が不可欠だ。貴学短期大学部英語科では、実際
　　　　　　に使える英語力を身につけながら、世界の多様な文化に
　　　　　　ついて学ぶことができる。貴学での学びを糧にすれば、
　　　　　　私の「誰とでも仲良くなれる」という長所は、グローバ
　　　　　　ル社会でも通用するコミュニケーション能力にまで高め
　　　　　　られるであろう。

まとめ ➠ 　以上の理由により、私は自らを貴学に推薦したい。

　［模範例文４］だけは、「です・ます」調に書き換えたものを紹介しよ
う。マナー教育に力を入れている短期大学や女子大学を受ける人で、
「です・ます」調で書いたほうが「丁寧さ」や「折り目正しさ」が伝わ
ると思う人は、以下を参照してほしい。

　　　　　　私は誰とでもすぐに仲良くなれる性格です。
　　　　　　私は高校２年生の夏休みにアメリカに１２日間の短期
　　　　　　留学をしました。本来は２週間の予定でしたが、私は親
　　　　　　戚に不幸があり、出発が他の人より２日遅れたため、
　　　　　　１２日間の留学となりました。私が現地校に到着したと
　　　　　　きは、既に日本から向かった３０名の留学生仲間はだい
　　　　　　ぶ打ち解けている様子でした。このような場合、後から

97

加わる立場であると、周りに圧倒されて遠慮がちになるものですが、私には全くそういう点がありませんでした。到着したその日から、すぐに輪の中に入ることができました。そして留学最終日には、多くの友だちから日本に帰国してからまた会いたいと言ってもらえました。私は人と話すときに心がけていることがあります。「笑顔を絶やさないこと」、「はっきりと話すこと」、「相手の話に興味を持つこと」の3つです。この3つの心がけが、私が誰とでも仲良くなれる秘訣です。いつものようにこの3つを心がけて留学生仲間と交流をしたからこそ、「遅れて到着」という状況でもすぐに全員と仲良くなれたのだと思います。

　私の将来の夢は国際線のキャビンアテンダントになることです。キャビンアテンダントにはコミュニケーション能力の高さが求められます。私は、3つの心がけを持って接すれば、多くの乗客とよいコミュニケーションを図れるのではないかと思います。ただ、世界の様々な国や地域の人と円滑なコミュニケーションをとるには、異文化に対する理解が不可欠です。貴学短期大学部英語科では、実際に使える英語力を身につけながら、世界の多様な文化について学ぶことができます。貴学での学びを糧にすれば、私の「誰とでも仲良くなれる」という長所は、グローバル社会でも通用するコミュニケーション能力にまで高められるであろうと確信しています。

　以上の理由により、私は自らを貴学に推薦したいと思います。

第4章

様々な
出願書類の攻略
アドバイス !!

　総合型選抜では、たくさんの書類作成を求められる場合が多い。冊子状になっていて、複数の設問に回答を書いていく多設問型のエントリーシートもある。ただ、一つ一つの設問をよく見ると、パターンがある。1つは受験生自身の将来展望を尋ねるもの、もう1つは受験生が培ってきた体験や思いを尋ねるもの。前者は志望理由書、後者は自己推薦書の内容を活用すればほとんどは書けてしまうものばかりだ。そのほかには、あるテーマを与えて、それに対する意見やアイデアを尋ねるものがある。これらは小論文の書き方を知っていれば、多くは書ける。

　つまり、本書でここまでに説明してきた**志望理由書、自己推薦書に加えて、小論文の書き方を身につけてしまえば、ほとんど全ての出願書類攻略の道筋は見えてくる。**

　というわけで、様々な出願書類の書き方を解説する前に、ここで小論文の書き方を説明しよう。それに続けて、エントリーシート、課題レポートの書き方を説明し、さらに活動報告書の書き方、他人に書いてもらう評価書をお願いするときの注意点を紹介する。

● 小論文の書き方　―意見を書く場合―

　小論文とは、ある問題に対して「イエスかノーか」を答える文章だ。「高齢者の運転免許更新の規制」についてあなたの意見を述べなさいと問われたら、「更新の規制」に賛成または反対のどちらかの立場に立って意見を書くのが小論文だ。

基本の構成法を身につけよう。300字以上の字数でまとめる際には、次の四部構成でまとめるとよい。この構成法を「基本型」と呼ぶ。

〈基本型〉
第一部　問題提起
　設問の問題点を整理して、これから述べようとする内容に主題を導いていく部分。**ここで、イエス・ノーの形にする。**全体の10パーセントほどが適当。課題に曖昧な言葉が交じっているときには、この部分でその言葉の定義をする。課題文などの資料がある場合は、ここでそれがどのような主張や指摘をしているかをまとめて、それは正しいか、それは好ましいかなどの問題を提起する。

第二部　意見提示
　イエスとノーのどちらの立場を取るかの方向を定め、問題となっている事柄の現在の状況を正しく把握する。全体の30パーセントから40パーセントほどを占める。**「確かに……。しかし……」というパターンを使って、反対意見に考慮したうえで、自分の意見を示す**と書きやすい。

第三部　展開
　小論文の中心部であって、ここの展開の仕方によって、小論文の価値が決まる。問題となっている事柄の背景、原因、歴史的経過、結果、背後にある思想など、目に見えない、もっと深い部分を掘り下げて書く部分。**メモを取って見つけた最も鋭い論をここに書くつもりで。**全体の40パーセントから50パーセントほどを占める。

第四部　結論
　もう一度全体を整理し、イエスかノーかをはっきり述べる部分。全体

の10パーセント以下でよい。**努力目標や余韻を持たせるような締めの文は必要ない。**

| 例 文 |

最近、高齢者の自動車運転による交通事故が増え、社会的にも大きな問題になっている。それでは、高齢の運転者に対して、一定の年齢を超えると原則として運転免許の更新を認めないなどの厳しい対策をとるべきだろうか。

確かに、今後も高齢化が進む以上、高齢者による事故の危険性がさらに高まることは否定できない。事故を減らすために何らかの対策を打ち出すことが必要なのは間違いない。高齢者の免許更新に何らかの制限を設けるのも、有効な対策の1つだろう。しかし、だからといって、年齢を理由とした免許更新の停止までする必要はない。

近年、地方の過疎化が進み、商店街や公共交通機関がどんどんなくなっている。そうした地域の住民は、やむをえず、車を使って遠くの大型郊外店に買い物に行ったり、総合病院に通院したりしている。つまり、車がないと毎日の買い物や通院もできないわけだ。特に、最近は家族のあり方も変わって、地方でも高齢者の夫婦世帯や一人暮らしが増えている。その場合、家族の誰かに運転してもらうこともできないだろう。そうした人々は、年齢を理由に免許が取り消されてしまうと、もはや日々の暮らしそのものが成り立たなくなってしまう。そうした状況に対して何らかの対策をとらないかぎり、免許の取り消しは不当な措置でしかない。

したがって、私は年齢を理由に高齢者の免許取り消し

などをするのは、対策として行き過ぎだと考える。

　200字前後の指定字数が少ない場合には、二部構成で書こう。二部構成のまとめ方は「頭括型」と「尾括型」がある。

〈頭括型〉

第一部
イエス・ノーどちらを主張するのかをズバリ書く。

第二部
第一部で書いた主張の理由をまとめる。

※第一部は「基本型」の「意見提示」の後半（「しかし」以降）、第二部は「基本型」の「展開」と考えるとよい。

例　文
　　高齢者の交通事故を減らすために、運転者が一定の年齢を超えると運転免許の更新を認めないなどの厳しい対策が議論されているが、私はその必要はないと考える。
　　近年、地方の過疎化が進み、商店街や公共交通機関がなくなっている。そうした地域の住民は、車で遠くまで買い物に行ったり、通院したりしている。特に、高齢者の夫婦や一人暮らしの人は、自ら運転するしか移動の手段がない。そうした人々は、年齢を理由に免許が取り消されると、日々の暮らしが成り立たない。別の方策を考えるべきである。

〈尾括型〉

第一部
主張に至るまでの根拠などを説明する。

第二部

第一部から導かれた結論（イエス・ノーどちらかの主張）を書く。

※第一部は「基本型」の「展開」、第二部が「基本型」の「結論」と考えるとよい。

例　文

　近年、地方の過疎化が進み、商店街や公共交通機関がなくなっている。そうした地域の住民は、車で遠くまで買い物に行ったり、通院したりしている。特に、高齢者の夫婦や一人暮らしの人は、自ら運転するしか移動の手段がない。そうした人々は、年齢を理由に免許が取り消されると、暮らしが成り立たなくなってしまうのである。

　したがって、高齢者の交通事故を減らすために、運転者が一定の年齢を超えると運転免許の更新を認めないなどの対策をとるのではなく、別の方策を考えるべきである。

●小論文の書き方　—対策やアイデアを書く場合—

　対策やアイデアを書くことが求められる場合がある。例えば「環境保全に向けた活動のうち、衣生活の立場からできることを具体的に提案しなさい」といった課題のように、「あなたのアイデアを示しなさい」「どのような対策が考えられるか」「提案しなさい」など、対策、解決策、改善策、アイデア、提案を求められる課題もある。

　その場合には基本型をアレンジした、次の構成でまとめるとよい。ここでは「提言型」と呼ぶ。

〈提言型〉

第一部

問題提起の代わりに、自分の考える対策・アイデアをズバリ書く。

第二部

対策・アイデアの問題点や限界、あるいは他の対策を紹介する。その上で改めて対策・アイデアを示す（確かに……。しかし……）。

第三部

対策・アイデアの意義や有効性、それを実行するには何が必要かを説明する。

第四部

結論。

例　文

　　環境保全に向けた活動のうち、衣生活の立場からは、特にリユースを推進したい。

　　もちろんリデュースを推進することも重要だ。リサイクルやリユースはエネルギーやコストがかかる。それに対し廃棄物の発生そのものを抑制するリデュースは環境保全にそのままつながる。しかし、それでも、衣生活の立場からは、リユースを特に推進したい。

　　衣服は身体を保護するためだけにあるのではなく、文化や心の豊かさにも深く関わる。循環型社会の構築のためであっても、人々が衣生活から豊かさを享受できる必要がある。資源節約のためにそれを制限するやり方では

長続きはしない。そこで、リユースを考慮した衣服作り
を推進したい。年齢や嗜好が変化し着なくなった衣服
も、他人に譲り、着続けてもらえれば廃棄も減るだろ
う。それを可能にする品質の高い衣服作りも広めたい。
　　以上の通り、衣生活の立場からは、リユースで循環型
社会に貢献したい。

　200字前後の指定字数が少ない場合には、「頭括型」を用いて二部構
成でまとめるとよい。

〈頭括型〉

第一部

　自分の考えるアイデアや対策をズバリと示す。

第二部

　自分のアイデアや対策の内容、その利点などを説明する。

※第一部は「提言型」の第一部、第二部は「提言型」の第三部をまとめ
　るとよい。

例　文

　　環境保全に向けた活動のうち、衣生活の立場からは、
特にリユースを推進したい。
　　衣服は身体を保護するためだけにあるのではなく、文
化や心の豊かさにも深く関わる。資源節約のために衣服
を制限したら長続きはしない。リユースを考慮した衣服
作りによって、年齢や嗜好が変化し着なくなった衣服
も、他人に譲り、着続けてもらえれば廃棄も減るだろ
う。それを可能にする品質の高い衣服作りも広めたい。

2 エントリーシート

　エントリーシートには2種類ある。1つは出願前の面談の参考資料とするものだ。エントリーシートを参考に大学側が受験生と面談を行い、学習意欲や大学への関心の高さを見る。そして「見込み有り」と判断した場合に出願許可を出す。

　もう1つは出願時に提出するものだ。総合型選抜では、面接が重視されるが、その面接で多くの質問を浴びせられる重要資料と思ってよい。

　エントリーシートの内容は大学によって千差万別で、単なる履歴書レベルのものから、志望理由書と自己推薦書に書くべき内容の両方をほぼ全て書くことが求められて、その上、小論文課題を出題されるといった、相当なボリュームのものもある。ここではエントリーシートの典型的な例を示しながら、書くうえでのワンポイントアドバイスを行おう。

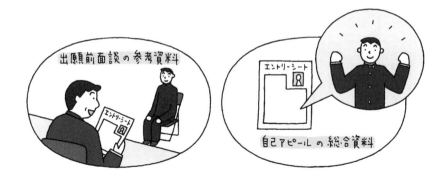

エントリーシート　※印には記入しないこと。

提出日	年　　　月　　　日
エントリーNo.※	
フリガナ	
氏名	
性別	男・女
生年月日	年　　　月　　　日
現住所	〒

写真貼付欄
4cm × 3cm

TEL		FAX	
E-mail			

高等学校名	都道府県　　国立・公立・私立
	高等学校　　　年　　　　　　科

あなたの興味・関心のある学部・コース（第4志望まで記入できます）
（注）正規出願時に変更可能

順位	学部	学科コース	
1	学部	学科	コース
2	学部	学科	コース
3	学部	学科	コース
4	学部	学科	コース

大学使用欄※

■ **図4-1（エントリーシート）** ■

このパターンでは特に注意することはない。あえていえば、**丁寧に書くこと**。これっぽっちの内容をぞんざいに書くようでは、入学する気がないと思われても仕方がない。

　面談では第一志望の学部・学科・コースを選んだ理由をしっかり言えるようにしておこう。

　写真 貼 付欄があるので、写真について簡単な注意もしておこう。

　貼付する写真の**背景は暗くないもの**にしよう。**服装の乱れ**（詰め襟のホックの開きっぱなし、ネクタイ、リボンの曲がりなど）と**髪の目への掛かり具合**（目が隠れると印象が悪くなる）には気をつけよう。服装は制服でも私服でも構わないが、私服の場合に、帽子、マフラー、コートなどは脱いで撮影しよう。

パターン 2 質問が多いもの

※印には記入しないこと。

××年度　エントリーシート（心理学部心理学科）

受付番号	※	写真貼付 縦4cm×横3cm
フリガナ		最近3ヶ月以内に 撮影したもの
氏　　名		
フリガナ		
住　　所	〒	

電話番号	市外局番（　　　　　） 　　　　　―	出身高校名	立　　　　　高等学校 卒業・卒業見込

Ⓐ 趣味・関心のあることは何ですか。　　**Ⓑ** 特技・資格があれば教えてください。

Ⓒ あなたの自己アピールをしてください。

■図4-2（エントリーシート表）■

Ｄ あなたが本学に入学したい理由は何ですか。

Ｅ 将来の生き方や就きたい職業について、あなたの夢や希望を教えてください。

■**図4-3（エントリーシート裏）**■

Ａ項目「趣味・関心のあることは何ですか。」の回答は、素直に書いてよい。だが法律で禁じられていることや、未成年がやってはいけない趣味などは、書かないように注意したい。中高年の人がイメージしにくい趣味を書く場合には、面談でかみくだいて説明できるようにしておこう。関心のある社会問題等があれば、それを書くのもよい。ただ、そこに記入したことは面接で詳しい説明を求められると思っていたほうがよい。説明によって、社会性、知的好奇心の高さや目の付け所のよさをアピールできそうだったら、積極的に書こう。

　Ｂ項目も素直に書いてよい。資格は、「日本漢字能力検定２級（20××年７月取得）」というように、取得年月まで書くほうがよい。特技はセールスポイントを裏付けるものであるとよいが、無理にでっちあげるのはすすめない。難しければ、好印象を得られそうな人柄や意外な長所など、自分自身の何かしらの利点をアピールできるものであればよしとしよう。

　Ｃ項目の自己アピールは、100字程度のスペースなので自己推薦書のボリュームをそのままは書けない。だからセールスポイントを示し、それを裏付ける個人的体験をコンパクトサイズで紹介するか、セールスポイントを一歩掘り下げた説明を加えるかたちにする。

　第３章の〔模範例文2〕を100字程度のコンパクトサイズにすると次のようになる。

Ｃ項目-1　　私は物怖じしない性格である。私は間違っていると思うことに対しては、どんな状況でも、遠慮せず意見を述べる。意見を述べることで、間違いは解決に向けて転がりだすと信じている。

Ｃ項目-2　　私は物怖じしない性格である。物怖じせずに意見を述

べれば、周囲が解決に向けて知恵をしぼるようになる。そして社会は活性化される。すなわち、物怖じせずに意見を言える私は、社会のリーダーになる資質も備えていると考える。

　Ｄ項目とＥ項目に関しては、実はこの２つをあわせて、１本の志望理由書になると考えてよい。志望理由書の四部構成「**志望理由・きっかけ・具体的ビジョン・まとめ**」のうち、第三部の具体的ビジョン（この場合には大学卒業後のビジョン）のみをＥ項目に書き、Ｄ項目には、その大学に入りたい理由をズバリ書き、それに続けてその志望理由に至ったきっかけを書く。そして大学ならではの特徴に触れ、再度単刀直入な志望理由で結ぶ。エントリーシートでは、結構このパターンで志望理由書第一部から第四部までの内容を書かせる場合が多い。

　四部構成でまとめた志望理由書を、Ｄ・Ｅ項目の回答に分けて活用した例を紹介しよう。以下にまとめたＤ・Ｅ項目の回答例は、第２章［模範例文1-2］を２つに分けたものだ。Ｄの回答は、［模範例文1-2］の第一部、第二部、第四部で構成している。但し、第二部は回答枠の大きさに合わせて短くまとめ直している。Ｅの回答は、［模範例文1-2］の第三部を使ったものだ。

Ｄ項目

　　将来臨床心理士になることが目標だからだ。この目標を持ったのは、ある児童相談所に勤める臨床心理士から次の話を聞いてからである。
　　「児童相談所を訪れる人は、自分の持っているよい面が、悪い面に圧倒されて埋もれてしまっている人たちである。そこで臨床心理士は、クライエントといっしょに埋もれているよい面を掘り起こす作業をする。でもそれ

は遺跡を掘り起こすように地道で時間のかかる作業だ。」

私はこの話から、臨床心理士とは、人の心を大切に扱う尊敬すべき職業だと思った。この思いが臨床心理士を目指すきっかけとなった。

貴学には、学内独自の「心理臨床センター」があり、実践的な学内実習を行いやすい環境にある。また、併設の大学院が日本臨床心理士資格認定協会の第1種指定大学院である。さらに、大学と大学院を合わせた6年間心理学を専門に学ぶことで、公認心理師の資格も取得できる。私の将来の目標に向かってスタートを切る場として最もふさわしいと確信した。以上が貴学心理学部心理学科を志望する理由である。

E項目

私は臨床心理士になったら、特に子どもの心をサポートしたい。子どもの心の発達には、環境が大きく影響するはずだ。親子関係、兄弟関係などの家庭環境が子どもの心の成長にどのような影響を与えるのかをぜひ大学で学びたい。そして、その点を学んだうえで、家族関係に代わる子どもの心の発達によい影響を与える人間関係がないかを考えてみたい。出生率の低下、離婚率の増加、日本語を話せない外国人保護者の増加など、社会の変化は子どもの家庭環境にも大きな変化をもたらしている。子どもの心の発達を妨げないための地域づくりをこれからの社会は模索しなくてはならないが、臨床心理士は、子どもの心の成長によい影響を与える人間関係のあり方について、心理臨床の現場から意見提示すべきだと考える。

▶ パターン 3 ◀ 長めの回答をたくさん書かせるもの

受験番号	※

20××年度○○大学△学部入学試験エントリーシート

フリガナ		性別	生年月日		
氏　名		男・女	年　　月　　日生		
出身高校	都道 府県　　立　　高等 学校		制 年　　月　　卒業・卒業見込み	科	

Ⅰ.あなたが本学△学部を志望する理由を教えて下さい。

Ⅱ.あなたの将来の展望を教えて下さい。

※印には記入しないこと。

■図4-4（エントリーシート表）■

Ⅲ.自己アピールを具体的に記入して下さい。

Ⅳ.高等学校在学中に積極的に取り組んだ事柄（学業、部活動、委員
　　会、ボランティア活動、資格取得など）について、具体的に述べ
　　て下さい。

■図4-5（エントリーシート裏）■

「Ⅰ・Ⅱ」はパターン２の「Ｄ・Ｅ」と全く同じである。Ⅲは自己推薦書の短めのパターンと考えてよい。ⅣはⅢの自己アピールと連動させて書くとよいが、メインテーマはキミのセールスポイントでなく、**積極的に取り組んだ事柄**であることを間違えないようにしたい。

第３章〔模範例文２〕をたたき台にⅣの例を作成してみよう。

Ⅳの例文

　　私は高等学校では剣道部の活動に積極的に取り組んだ。私は個人の技の上達にも力を注いだが、それと同様に力を注いだのは部の運営についてである。最初に取り組んだのは夏の稽古の工夫である。暑さで心身ともに参ってしまう部員を見て、私は暑さに耐えることよりも、暑さを避けた稽古のやり方を工夫すべきではないかと思い、剣道部顧問に夏の稽古時間を夕方の時間帯に変更するように申し出た。

　　この改革を境に、剣道部は短時間でいかに効果的な稽古をするかを部員全員で話し合う機会が多くなった。高校２年の夏から剣道部の主将となり、部員が稽古のやり方についてさらに意見を出しやすいように部の運営を工夫した。稽古日誌の設置や同級生同士の話し合いの場を設けたことで、１年生からも積極的な意見が出るようになった。部員一人一人が稽古のやり方を考えるようになったことが功を奏したのか、大会成績は前年度よりアップした。

　　※剣道二段（○○○○年12月取得）。××××年全国高校総合体育大会埼玉県予選団体戦ベスト４進出。

117

最初に何に積極的に取り組んだのかをはっきり言おう。その後に、「どのように積極的に取り組んだのか」または「積極的に取り組んだおかげで何を得たのか」などの説明を加える。

　実績に関しては、枠の終わりに箇条書きで入れておくと見やすい。もちろん本文に盛り込んだ場合にはそうする必要はない。

パターン 4 凝った設問文のもの

○○大学エントリーシート

活動報告

高校生として、学内外において様々な体験をしてきたと思います。あなたにとって、高校生活はどのようなものだったかを文章にまとめてください。なお、活動した記録、客観的評価（入賞・表彰・報道など）があれば具体的に記入してください。

キャリアプランニング

大学は、人間的な成長はもちろん将来の職業や仕事を意識し、自分自身のレベルアップを図るところです。そのためには、用意された環境や教育プログラムを、目的意識をもったうえで自ら活用していくことが重要となります。そこで、自分自身が目標とすべき大学生としてのスタイルをイメージして文章にまとめてください。

横書きで記入
➡

100

200

■図4-6（活動報告・キャリアプランニング）■

119

パターン4のエントリーシートの2つの項目は一見、志望理由書や自己推薦書の内容と異なるように見えるが、実は**志望理由書や自己推薦書の内容を少しアレンジするだけで簡単に書ける。**

「活動報告」は自己推薦書の内容を応用すれば上手にまとめることができる。

「あなたにとって、高校生活はどのようなものだったか」を書くことが求められている。そこで、高校生活を、セールスポイントを発揮した場、セールスポイントに対する認識を深めた場として紹介するとよい。

例「部活動を通じてリーダーシップを大いに発揮した。」

「ボランティア活動を通じて、忍耐強く行動することの大切さを知った。」

アピール内容を裏付ける体験はもちろん自己推薦書と同じエピソードを使えばよい。

ここでも第3章〔模範例文2〕をたたき台に例文を作ってみよう。

活動報告の例文

私は高校生活を通じて、ここぞという場面では物怖じせずに意見を言うことの大切さを知った。

私は剣道部に所属していたが、1年生のときに、夏の稽古時間を夕方の時間帯に変更することを提案した。暑さに耐えることよりも、暑さを避けた稽古のやり方を工夫することのほうが大切だと思ったからだ。この改革を境に、剣道部は短時間でいかに効果的な稽古をするかを部員全員が考えるようになった。そのことが功を奏し、戦績も前年度よりアップした。

※剣道二段（○○○○年取得）／埼玉県インターハイ予
　　　選団体戦ベスト８進出。
　　※実用英語技能検定準２級（○○○○年１２月取得）／
　　　日本漢字能力検定２級（○○○○年７月取得）

　なお、活動内容、活躍した記録、客観的評価については、記入欄の終わりに箇条書きで加えるかたちが読みやすい。例のように「部活動関連」と「勉強関連」というように行替えをして記入すると読みやすい。
　「キャリアプランニング」は、名称が独特だが、実は志望理由書と書く内容は同じである。だから**"隠れ"志望理由書**といえる。
　まずは注意書きの文章が何を言っているのかを読み取ろう。
　１文目「大学は、人間的な成長はもちろん将来の職業や仕事を意識し、自分自身のレベルアップを図るところです」は、要するに「**大学に入ったら、将来の目標を実現するために勉強しなさい**」と言っている。
　２文目「そのためには、用意された環境や教育プログラムを、目的意識をもったうえで自ら活用していくことが重要となります」は、「**うちの大学の環境や教育プログラムを、あなたの将来の目標のために大いに活用しなさい**」と言っている。
　３文目の「自分自身が目標とすべき大学生としてのスタイル」とは「**あなたの将来の目標が何で、その実現のために、うちの大学をどう活用したいのか**」ということになる。それを書けばよい。
　要するに、「キャリアプランニング」は、大学での学びに対する具体的なビジョン（第三部）を書いた志望理由書ということになる。第１文目に意識すべき点として「**人間的な成長**」も入っているので、必ずしも将来の目標は職業的目標でなくてもよいが、実学系の学部であれば、職業的目標をテーマに据えるほうが書きやすいし、喜ばれるだろう。
　第２章［模範例文5］を土台に、この大学の「キャリアプランニング」

を作成してみよう。〔模範例文5〕では、将来やりたい仕事における具体的ビジョンの記載に重きを置いていたが、ここでは、大学での学びに対する具体的ビジョンを紹介している。

キャリアプランニングの例文

　私は将来スポーツマネジメントに携わりたい。

　私がこの目標を持ったのは、ある新聞記事を目にしてからだ。そこには、「マイナー種目のオリンピック候補選手は、選手活動を続けるための資金作りに頭を悩ませている。経済的理由から引退する選手もいる」と書かれていた。「マイナー競技だからといって、世界で活躍できる可能性のある選手の活動を停止させてはいけない。マイナー競技の選手でも、世界で活躍をすれば、それは人々の活力になるはずだ。」この思いから、マイナー競技の有力選手を経済的に援助する新しいビジネスを生み出したいと考えて、将来はスポーツマネジメントに携わりたいという夢を持つようになった。

　私は将来の目標実現に向けて、貴学経営学部の教育プログラムを大いに活用したい。貴学部では、マネジメント能力、経営分析、会計学、マーケティング、ベンチャー創造などをトップ企業の実例を学びながら実践的に身につけられる。取り上げている企業にはサッカーJリーグのオーナー企業も複数ある。私はJリーグのビジネスモデルをヒントに、マイナー競技・種目のオリンピック候補選手に特化した経済支援を、企業と地域の両輪で担うビジネスプランを将来実現したい。貴学経営学部ほどそのための学びの環境が整っている場はない。さらに、

地方経済について学べる経済学部生活環境経済学科の科目も選択科目として履修できるのも「企業と地域の両輪」をビジネスプランの鍵と思っている私にとっては大きな魅力だ。ぜひ積極的に履修したい。

　以上のような様々な実践的な教えを受けながら、将来の夢の実現に向かって、貴学で大いに学びたい。

パターン 5 ▶ 専門分野への関心を尋ねるもの

大妻女子大学　令和2年度 AO入試「各学科・専攻からの課題」
(※一部改変)

学部・学科・専攻等			課題
文学部	コミュニケーション文化学科		現代社会は、地球的規模から国内にいたるまで多くの問題を抱えています。「早急に解決すべき」と思う問題について、あなたはどのように関わりたいと考えますか。できるだけ具体的に書いてください。(800字程度)
社会情報学部	社会情報学科	社会生活情報学専攻	情報社会について このテーマについて、あなたの経験や具体例を挙げて自分の考えを述べなさい。(1200字程度)
		環境情報学専攻	環境問題について 環境問題に関する本(ウェブサイトは不可)を1冊選び、内容に関するあなたの考えとその環境問題を解決するにはどうしたらよいかについて述べなさい。最後に必ず、使用した本の出所を明記すること。(1200字程度)
		情報デザイン専攻	社会的問題を一つ取り上げ、情報通信技術やデザインの視点からどのような解決策があるか提案しなさい。取り上げる問題を重要と考える理由及び提案する解決策を有効とする根拠を必ず示すこと。(800字程度。本課題について、面接時にプレゼンテーションを予定しています。)
人間関係学部	人間関係学科	社会学専攻	現代社会について最も関心のある問題を一つ選んで自由に論じてください。(600字程度)

■図4-7 (各学科・専攻からの課題の例) ■

パターン5は、「志望する学部・学科・専攻の学問にどれだけ関心があるのかを、気持ちだけでなく、態度で示してください」と注文している。

　パターン5については、それぞれの専攻の書き方のみを紹介しよう。

社会生活情報学専攻

　「情報社会について」という大枠のテーマだけ与えられている。枠をはみ出さなければ、自分の切り口で自由に書いてよい。条件として「あなたの経験や具体例を挙げて」とあるので、第一部で、自分の経験から見える最近の情報社会の問題点を紹介し、それに対し、問題提起するのがよい。例えば、電車内におけるスマートフォン使用をめぐるトラブルの経験を紹介したうえで、「公共の場におけるスマートフォン使用の規制を設けるべきか」と問題提起をするとよいだろう。

　まとめ方は、小論文の「基本型」を用いるとよい。第一部で問題提起、第二部で意見提示、第三部に展開、第四部に結論。1200字なので、第三部で2つの根拠を示して、それぞれを1つの段落にまとめるとよいだろう。

環境情報学専攻

　まず環境問題に関する本を1冊自由に取り上げることが求められている。「この専攻を志望するからには、いくら何でも環境問題に関する本を1冊ぐらいは読んでいるだろう。もしも読んでなければこの機会にぜひ読んでほしい」というメッセージが込められている。気をつけたいのは、小学校で書かされたような単なる本の感想文に陥らないことだ。読み取った内容（環境問題に対する見解）に対し、あなたの意見を述べなくてはならない。さらに、解決策を示すことが求められている。例えば『世界遺産にされて富士山は泣いている』（野口健　PHP研究所　2014

年）という本を取り上げたのなら、世界遺産になったことで登山客が増えて観光収入は増えたが、それと比例してゴミも大量に増えた問題をまとめてから、それに対する自分の見解を述べたうえで解決策を示すとよい。

　まとめ方は、小論文の「提言型」を用いるとよい。第一部で本の内容、それに対する自分の考えを述べたうえで、解決策をズバリと示す。第二部でその解決策の弱点や限界、あるいはほかに考えられる対策を示したうえで、再度解決策を示す。第三部でその解決策の意義や有効性、それを実行するには何が必要かを説明する。第四部は結論。もう一度解決策を示す。

情報デザイン専攻

　「社会的問題」という非常に大きな枠から自由に1つの問題を取り上げ、その問題に対し、情報通信技術やデザインの視点から解決策を提案することが求められている。例えば「日本語未習得の外国籍児童・生徒の増加によって学校現場は対応が困難に陥っている」という問題に対し、デザインマークを活用して、学校・教員から外国籍児童への指導・伝達の円滑化を図るという提案をする。

　まとめ方は、小論文の「提言型」を用いるとよい。第一部は、設問の条件となっている「取り上げる問題を重要と考える理由」を示したうえで、解決策をズバリと示す。第二部では、その解決策の弱点や限界、あるいはほかに考えられる対策を示したうえで、再度解決策を示す。第三部では、設問の条件となっている「提案する解決策を有効とする根拠」を書く。第四部が結論。もう一度解決策を示す。

　また、この課題は、面接時にプレゼンテーションすることが予定されている。プレゼンテーションのコツは本書第5章の終わりに紹介しているのでそちらを参照してほしいが、後日プレゼンを予定しているのなら

尚更構成をきちんと考えて文章をまとめるほうがよいだろう。そのほうが、後でここに書いた文章を台本にプレゼン準備をする際も頭の中にインプットしやすいからだ。

課題レポート

　課題レポートは、前項エントリーシートの「パターン5」と同様に、志望学部・学科の学問分野にどれだけ強い関心があるかを見るためのものだ。いくつかのパターンを示しながら、書き方とワンポイントアドバイスを行おう。

パターン1　自由課題レポート

学部	文学部
学科	フランス文学科
入試制度	AO（A）
出願資格	以下の1.2.をすべて満たす者 　1.共通出願資格を満たす者 　2.言語、文学、歴史、芸術、思想のいずれか一つないし複数の分野に強い関心を抱く者
出願書類	①志願票（本学所定用紙） ②出願資格1.を証明しうる書類 ③言語、文学、歴史、芸術、思想のいずれか一つないし複数の分野に関するレポート（400字詰め原稿用紙5枚以内） 　※余白に志願者氏名を明記 　※用紙は条件を満たしたものを志願者本人が用意すること ④海外高等学校卒業（見込）者調査票（本学所定用紙） 　※該当者のみ提出

■図4-8（出願資格の例）■

明治学院大学文学部フランス文学科では、総合型選抜（2020年度自己推薦AO入試）におけるアドミッションポリシーの1つを、「言語、文学、歴史、芸術、思想のいずれか一つないし複数の分野に強い関心を抱く者」としている（図4-8参照）。レポートは出願資格を満たしているかいないかを確認するためのものだと思ってよい。

　書き方は、学びたいことをまとめた志望理由書と同じでよいので、第2章〔模範例文8〕を参考にしてほしい。このレポートで求められている字数は「400字詰め原稿用紙5枚以内」と結構長めなので、**「強い関心」を書いたきっかけ部分と、大学で研究する際の具体的ビジョンを詳細に記述する必要がある。**

　また、これだけの長さのものになると、引用文を挟む必要があるかもしれない。その場合には、引用部分は「　」で示し、引用部分の後には（　）で括り出典を示す。書物からの引用の場合は、著者名、書名、出版社（シリーズ）名、発行年、引用した文章のページ数を書く。映像からの引用の場合には、責任者名、制作会社名を記す。インターネットからの引用の場合には、URLをつけるようにする。

例　「私はあいつの心臓と下腹部で生き抜きたいのじゃ。わしのはガタがきておる」（ソニー・ラブ＝タンシ／樋口裕一訳・『一つ半の生命』・新評論・1992年・201ページ）

パターン 2　二次試験の討論に備えるための課題レポート

　成蹊大学経済学部のAO入試（2020年度）は一次審査の書類として、次の課題レポート（1200字程度）を出願時に提出する。

「大学生は原則、寮で生活すべきか？」

【趣旨】

　アメリカやイギリスなど諸外国では、多くの大学生が寮で生活をしています。大学によって寮の形態は異なりますが、勉学に集中できるような仕組みが提供されています。例えば、キャンパスの敷地内やその近くに寮があるため、通学に便利です。寮生活には不自由な面もありますが、学ぶことも多く、その経験は社会に出てから役立ちます。また、設備の割に家賃が安かったり、キャンパスに必要な施設が集約されて出費が抑えられたり、経済的なメリットもあります。社会的・経済的な側面や、他国の事情との比較など、大学生が寮で生活をすることについて考えてみましょう。それをもとに、成蹊大学で寮生活を原則とするとしたら、その是非について、あなたの考えをまとめて下さい。

そして二次審査が次のとおりだ。

討論力審査：課題レポートのテーマについて、5〜6名で討論してもらいます。明確かつ論理的に表現する力を審査します。

　全ての出願書類は面接のための重要資料である。したがって、提出した書類の中身については、面接であれこれと突っ込まれる。その変形がこの成蹊大学の二次審査のやり方であろう。面接官の代わりに、受験生同士で、レポートに書いた内容をぶつけ合う。ときには、他の受験生の

書いた内容に対し、意見、質問をぶつけ、また逆にぶつけられた意見、質問に対し、回答をしなくてはならない。

　討論に備えるには、課題レポートを小論文の「基本型」に従ってまとめておくことだ。「大学生は原則、寮生活をすべき」という案に賛成か反対か、どちらかの立場に立ち、なぜそう考えるのか、その根拠を第三部「展開」にしっかりと書く。1200字程度なので、2つぐらいの根拠を深く考察してまとめるとよいだろう。また自分とは逆の立場の意見の根拠もいくつか考えておく。レポートでは、そのうちの1つか2つかを第二部「意見提示」に書くとよいだろう。このように、小論文の「基本型」に従って書けば、説得力のある根拠を示し、また反論の備えもできるので、討論も戦いやすいはずだ。

【経済学部】一次審査				
審査	対象の書類	配点	内容	
書類審査	調査書		高等学校等の発行した調査書を厳封のまま同封してください。	
	志望理由書		志望理由について、本学所定の書式に記入してください。	
	活動報告書	50	以下の3点について本学所定の書式に具体的に記入してください。 1. 学術・芸術・スポーツ等の課外活動、生徒会活動、地域活動、ボランティア活動等。 2. 次の検定試験、資格試験の合格実績やスコア。実用英語技能検定、TOEFL、TOEIC、IELTS、国際連合公用語英語検定試験、GTEC、TEAP、日商ビジネス英語検定、全商英語検定、日本漢字能力検定、実用数学技能検定、ITパスポート試験、情報検定、歴史能力検定、日商簿記検定、その他の検定・資格試験等。 3. 自分の得意なこと、自分の長所等。	⇐検定結果や資格、優れた成果を証明する資料（コピー可）を出願の際に同封してください。
	課題レポート	50	入試情報サイトで発表されるテーマについて、1200字程度のレポートを作成し、本学所定の書式に記入してください。	⇐このテーマが、討論力審査（二次審査）の際のグループ討論のテーマになります。しっかりと自分の意見をまとめておきましょう。

【経済学部】二次審査		
審査	内容	
総合分析力審査	配布された資料（和文・英文の文章や図表等）をもとに記述式の試験を行います。資料を正確に分析・理解し、それをもとに表現する力を審査します。〔試験時間90分〕	
討論力審査	課題レポートのテーマについて、5～6名で討論してもらいます。明確かつ論理的に表現する力を審査します。	⇐討論力審査には、メモや資料などを持ち込むことができます。

■ 図4-9（討論力審査がある例）■

活動報告書

 活動報告書の内容と書き方

　活動報告書は、キミがこれまで行ってきた活動内容を、**数字と実績で簡潔に示す**のが原則だ。

　「実用英語技能検定準2級」「全国高校総合体育大会男子走り幅跳び第4位」「第○回東京都合唱コンクール審査員特別賞」「高等学校にて生徒会会長を務める」などのように、余計な説明を加えずに書く。「実用英語技能検定準2級」の横に、「ヒアリングだけは2級並み」などと勝手な補足説明を加えてはいけない。

　図4-10、図4-11のように、細かく区分けされていなくても、学校での課外活動や地域での活動の場合に、組織名と組織内の役割を書く。

　例 私立桐原学園高等学校体操部に所属（高校2年9月〜高校3年8月までは部長として部活動を率いる）

　㊟「部長」「副部長」などの役職についていない場合には、役割は特に書かなくてよい。図4-11のように役職記入欄が設けられている場合には、「部員」「委員」などと書けばよい。

　各種競技、コンクールなどの参加歴を記入する場合は、その名称・主催機関・成績結果なども記入する。資格や段位等の取得記録を書く場合には、資格の名称、級位や段位、資格認定機関名を書くようにしよう。なお**名称は略さずに書く**のが原則だ。

　例 実用英語技能検定準2級取得（財団法人日本英語検定協会）

活動年（資格の場合には取得年）とそのときの自分の年齢は、図4-10、図4-11のように記入欄が設けられていなくても書くようにしよう。なお西暦や年号も略さない。「2021」を「21」、「令和2」を「R2」などとは書かない。

●添付資料の提出の仕方

　大学によっては、活動実績を印象付ける資料の添付を認めている。その場合には賞状や免状、新聞記事、活躍ぶりを写した写真、芸術作品を収めた写真などを添えるとよい。一目でわかる資料が付いていたほうが、確かにインパクトは大きい。

　大学によっては動画ファイルなどの提出を認めているところもある。無理をしてそろえる必要はないが、あれば強力なアピール材料となる。

　添付資料は通常返却されないので、賞状や新聞記事はコピーを取ったものを添えるのでもよい。コピーは、なるべくきれいに取ろう。手入れの行き届いていないコピー機で取ったためにしみだらけで見づらいようでは読む気も失せる。

　それと、提出の仕方に特に気を配ってほしい。各資料が何を表すのかをわかるようにしておかなくてはならない。図4-10、4-11の記入欄のように活動内容と資料を結びつける番号を用意すると混乱しないですむ。

　このような指示がない場合でも、大学側が混乱しないように、**きちんと整頓して提出するのがマナー**だ。サイズや綴じこむ道具にも気をつけたい。

　「A4サイズに統一し、全資料をひとつにまとめて、左上をホチキスあるいはゼムクリップ、バインダークリップなどでとめてください」

　これはある大学の募集要項にあった添付資料に関する注意事項だが、このような指定がなくても、**できるかぎりサイズは統一しよう**。バラバ

ラのサイズのものは非常に扱いにくい。複数の資料を綴じずに出される
とこれまた扱いにくい。扱いにくいと、扱いもぞんざいになるものだ。

活動報告書	受験番号	※
	出願学部	

(フリガナ)
氏　名

出願資格：該当するものにマークしてください（要項○ページ参照）。

□高校卒業見込み	□高校卒業	□高卒認定など
□A　　□B　　□C	□D	□E　　□F

資格事由：資格A～Fに該当すると自己評価した理由を簡潔にまとめてください。

活動記録：中学卒業後の取り組みと成果について記録してください。

西暦年	月	学年	年齢	活動内容	資料番号

■図4-10（活動報告書表）■

学校その他の団体等における活動歴

期間（西暦）	学年	年齢	団体等組織の名称	役職	資料番号
年　月～　　年　月					
年　月～　　年　月					
年　月～　　年　月					
年　月～　　年　月					
年　月～　　年　月					
年　月～　　年　月					

各種競技・コンクール・展覧会・懸賞論文など参加歴

西暦年	月	年齢	競技・コンクール等名称	主催機関	成績結果	資料番号

団体活動・競技の場合は記入してください。	スポーツ競技の場合は記入してください。
団体における役割・実績	特に優れた運動能力・記録

資格・検定・段位等の取得

西暦年	月	年齢	資格等の名称	資格級位	認定機関名	資料番号

上記以外で、あなたに関して知っておいてほしいことがあれば記入してください。

■図4-11（活動報告書裏）■

137

5 評価書

評価書とは何か

　学校推薦型選抜の推薦書は高校の校長先生が書くものだが、**評価書は、受験生がお願いしたい人に書いてもらうものだ。**

　志願者にとっては誰を選ぶかが重要になる。学校の先生を指定している場合もあるが、志願者を客観的に評価できるのであれば志願者との関係を問わない場合もある。親や兄弟姉妹は評価者になれない場合がほとんどだ。なお、慶應の総合政策・環境情報学部のAO入試では、2名に評価書を依頼する必要がある。

　そこで、誰に依頼するかが重要になる。人選する際の条件を優先順位の高い順に紹介しよう。パーフェクトな人選は難しいかもしれないが、以下の条件を考えて選定しよう。

評価者を人選する場合の条件

●その1　キミのことを嫌っていない人

　担任にお願いする人が多いと思うが、**キミとそりが合わない先生が担任であった場合には避けたほうがよい。**学校の先生だって完璧な人間ではない。気にくわない生徒を心底ほめるのは難しい。

●その2　キミのことをよく知っている人

　人格者で、地位もあって、文章もうまい。そんな人が知り合いの知り合いにいる場合や、1回だけ面識のある人にそんな人がいる場合に、つ

い頼みたくなるだろう。だが相手がどんなに立派であろうと、キミのことをほとんど知らないのではキミを評価しようにもできない。**大学が評価するのはあくまでキミであって評価者その人ではない。**

●その3　文章が上手な人

　立派な人でキミのことをよく知っている人でも、あまりに文章に苦手意識を持っている人では、キミのよさを伝えることができないだろうし、期日までに仕上げられないかもしれない。やはり文章の上手な人に頼むほうが得だ。但し、文章の下手な人でも、評価者として最もふさわしい人物ならば、誰かに取材してもらって、内容は他の人にまとめてもらう手もある。清書を評価者がすれば、特に問題はないだろう。

　次に、評価書の典型的な例を見てみよう。

2020年度
法学部FIT入試
評価書

フリガナ

志願者氏名

記入日　　2019年　月　日

1. どのくらいの期間、どのような立場で志願者をお知りでしょうか。簡潔にお書きください。

2. 志願者が高等学校在学中に上げた成果や取得した資格などについて具体的にお書きください。

3. 志願者の学力や性格などについて推薦できる点をお書きください。

(志願者が在学している、もしくは卒業した高等学校に現在在籍している教員あるいは学校長に限ります。)

記入者氏名　　　　　　　　　　　　　　　㊞
※記入者氏名欄は必ず自筆の上、捺印してください。

学校名・職名

所在地

ご注意
1. 上記の質問項目に漏れなくご記入ください。
2. 記入者の署名捺印のほかに、学校名、職名、所在地を記入してください。
3. この評価書は必ず厳封してください。(調査書と同じ封筒でもかまいません。)

■図4-12 (評価書の例) ■

評価者にお願いするときの注意

●参考になる資料を渡す

　図4-12の評価書に記入するのは、氏名、記入日等の他に、次の３項目になる。

1.　どのくらいの期間、どのような立場で志願者をお知りでしょうか。簡潔にお書きください。

2.　志願者が高等学校在学中に上げた成果や取得した資格などについて具体的にお書きください。

3.　志願者の学力や性格などについて推薦できる点をお書きください。

　項目１・２のように、事実を書くだけのところは特に問題はない。だが項目３で満足な評価を得るには、依頼するときに参考資料を渡しているか否かがカギになる。**志望理由書など大学に提出する書類一式（コピー）と、志望大学・学部の概要をまとめた資料（パンフレットなど）を渡そう。**キミ自身がどういう大学・学部に、どういった資質を売り込むのかを予め評価者に伝えておけば、評価者はそれを意識してまとめてくれるだろう。キミの売り込みたい資質をさらに押してくれるかもしれない。少なくともキミ自身の自己評価とちぐはぐな評価を受けることは防げるだろう。

　ただそうはいっても、**手で持てないほどどっさり資料を渡すのは迷惑**だ。仕上げた書類とパンフもしくはホームページの抜粋を、数ページ分コピーをして渡すぐらいで十分なはずだ。

●期日を決めて依頼する

　もう１点、忘れてはならない重要なことがある。

　それは**仕上げていただく期日を決める**ことだ。提出予定日ぎりぎりで

はだめだ。それよりも 5 日ぐらいは前のほうがよいだろう。もし直して
もらいたい点があったら遠慮なく言おう。あくまでキミの合格のための
評価書であることを忘れないように。キミの納得いく内容になったほう
が評価者も喜ぶ。

●最終のチェックは自分で

　最終の誤字脱字のチェックはキミがやろう。特に大学名とキミの氏名
には気をつけよう。慶應義塾大学のように、旧漢字が入っている大学名
は間違えやすい。

　また、親しい人の名前でも漢字を間違えて覚えていることは日常結構
ある。最後にもう 1 回確認しよう。

第5章

出願書類を
用いた
面接対策

仕上げた出願書類の最後の役割は、面接の準備台本として用いること
だ。大学入試面接の場で繰り出される質問の多くは、出願書類に詰まっ
たネタをヒントにしたものだ。

　**面接官は、受験生の出願書類を見ながら、その生徒に対する質問を想
定する。**たとえば志望理由書に、「私は将来弁護士になりたい」と書い
てあれば、「どんな弁護士になりたいと思いますか」などのように志望
理由をさらに突っ込んで聞いてみたくなる。あるいは、「憲法改正問題
についてはどう考えますか」というような質問で受験生の法の問題に対
する見識や関心の高さを確かめたくなる。

　活動報告書の記載に「第○回高校生俳句甲子園準優勝」とあれば、
「一句詠んでみてよ」と言いたくなる。このように面接官は、出願書類
という"ネタ帳"から言葉や考え方を拾い上げ、面接の大まかなシナリ
オを思い描く。

　だから**受験生側も提出した出願書類とにらめっこしながら、面接官の
質問を思い浮かべ、それに対する回答を用意するとよい。**これをやるだ
けで、大学入試面接では及第点をとることも十分可能になる。

　それでは志望理由書、自己推薦書、その他の書類に分けて、対策を紹
介しよう。

　**なお、本章の終わりに、近年総合型選抜を中心に増えてきたプレゼン
テーションの対策も付記した。プレゼン資料を作るときの注意を紹介し
ている。**

志望理由書編

　まずは志望理由書を使った面接対策だ。面接において最も重要な質問は志望理由である。したがって、**志望理由関連の質問対策は特に念入りにやっておかなくてはならない**。具体例は第2章〔模範例文1〕を"台本"としたものだ。

❶全体像を把握する

　志望理由書に限らず、提出したそれぞれの出願書類にはどんなことを書いたのか、その書類で一番訴えたかったことは何か、といった、「あらまし」と「訴えどころ」を把握することが、面接対策の第一歩である。提出した書類に書いてある内容と面接回答内容が矛盾するのを防ぐためだ。

　第1章でも触れたが、**出願書類は提出する前に全てコピーを取っておこう**。多くの受験生は出願後に本格的に面接対策を始めるだろうから、そのときに"台本"がなくては進められない。

　まずは志望理由書の「あらまし」を押さえよう。文章の骨組みを次頁のようなチャートにまとめると「あらまし」を押さえやすい。

あらまし

将来臨床心理士になりたい。

そう思ったきっかけは、児童相談所の臨床心理士から聞いた話から。
聞いた話＝「臨床心理士の仕事はクライエントの心の中で埋もれている
よい面をクライエントといっしょに丁寧に掘り起こす作業」
人の心を大切に扱う臨床心理士こそ私が将来目標とする仕事。

現代はコミュニケーションの不足した社会であり、そのことが不登校、
虐待問題などにつながっていると考える。臨床心理士の丁寧な心の援助
は社会全体のコミュニケーション力回復に一役買う。

自分の将来の目標実現に向けてスタートを切るには、○○大学という環
境が最もふさわしい。

次に、「訴えどころ」を押さえよう。訴えどころをはっきりしておけ
ば、志望理由について次から次へと質問されても、メインテーマがぶれ
ることはない。訴えどころを曖昧にしておくと、追及された際、逃げた
いがために、つい志望理由書に書いた内容と矛盾することを口にしてし
まったりする。それでは、せっかく苦労して書いた志望理由書が信用の
おけないものと思われてしまう。そうならないように、志望理由書の訴
えどころを、しっかり文字にして頭に刻み込んでおこう。

では例文から訴えどころを抜き出してみよう。

「将来臨床心理士になりたいから」。これが単刀直入な理由だが、さら
に、将来の目標を定めた決定的な要因となった臨床心理士の話から、そ

の先生の「人の心を大切に扱う」ところが尊敬できるとある。つまり、そんな臨床心理士を目指したいと言っている。だから、「人の心を大切に扱う臨床心理士」。これが訴えどころと考えてよいだろう。

訴えどころ：人の心を大切に扱う臨床心理士を目指す。

❷ 書類内容を要約した回答

「本学を志望する理由は何ですか」といったような、**志望理由を直接尋ねる質問は、大学入試面接では必ず受ける**と思ってよい。志望理由書を出していようといまいとだいたい聞かれる。志望理由書を提出した場合には、提出内容と矛盾のないように伝えなくてはいけない。そのためには、志望理由書をコンパクトにまとめた回答をあらかじめ用意しておくとよい。

回答例

「将来臨床心理士になりたいからです。臨床心理士になりたいと思ったきっかけは、ある児童相談所の臨床心理士の方に、臨床心理士の仕事がどんなものかを聞いてからです。その方は『臨床心理士の仕事とは、クライエントの心の中で埋もれているよい面をクライエントといっしょに丁寧に掘り起こす作業である』と言いました。私はこの話を聞いて、臨床心理士とは人の心を大切に扱う尊敬すべき仕事と思い、ぜひ将来の目標にしたいと思いました。この将来の夢を実現するのに最もふさわしい学習環境は○○大学心理学部心理学科と思い、このたび入学を希望いたしました。」

面接回答で常に心がけたいのは、わかりやすい回答を返すことだ。そのための初歩的なコツとしては、質問の**直接的な回答をまず先に伝えてしまう**ことだ。あれこれ伝えたくても、まずは回答例のように「将来臨床心理士になりたい」とひと言、長くてもレポート用紙に２行程度の文章で言い切るようにしたい。あとは訴えどころを入れているかをチェックする。

❸質問シミュレーション

　大学入試面接での質問は、１つ１つぶつぎりに行われるのではなく、**受験生が回答したことに対して次の質問を繰り出す**というように数珠つなぎに行われることが多い。したがって、準備した回答に対して、いくつもの質問を想定してみるのは大変有効な面接対策だ。そのことをここでは「質問シミュレーション」と呼ぶ。

　質問シミュレーションは、なにも質問のヤマを張るためだけに行うのではない。これをすることで、回答に奥行きと柔軟性が加わることになる。回答に奥行きと柔軟性が加われば、全く予期せぬ方向からの質問にもなんとか対応できるようになる。

　準備した回答に対する質問を考えるときには、次の「ぐ・り・い・ち」を指針にするとよい。

ぐ	具体的な内容をきく
り	理由をきく
い	意思を確かめる
ち	知識を問う

　具体的に前ページの〔回答例〕に対してはどんな質問が想定できるか
を書いてみよう。

●〔回答例〕に対する質問シミュレーション

例　ぐ　「『心の中に埋もれているよい面をクライエントといっしょ
　　　　　に丁寧に掘り起こす作業』とは具体的にどのような作業で
　　　　　しょうか」
　　　　　「本学のどういった点から、あなたの将来の夢を実現する
　　　　　のに最もふさわしい環境だと思いましたか」

　　り　「臨床心理士が一方的にアドバイスをするのではクライエ
　　　　　ントのためにならないと思うのはなぜですか」

　　い　「臨床心理士として就職するのは狭き門ですよ。それでも
　　　　　目指しますか」

　　ち　「児童相談所とはどういった機関かを説明してください」

　今度は志望理由書そのものに対して質問をぶつけてみよう。

●志望理由書に対する質問シミュレーション

例　ぐ　「不登校の児童に対して、今のあなたならどのように対応
　　　　　しますか」

「コミュニケーション能力を高めるには人と積極的に触れ合うべきとあなたは志望理由書に書いていますが、あなた自身は、普段、人と積極的に触れ合うようにしていますか。そのことを裏付ける具体的な事例は挙げられますか」

り〉「今後の社会にとって、どうして臨床心理士の心理的援助が重要な意味を持つと考えるのですか」

い〉「他大学にも、学内に心理臨床施設を持ち、そして第1種指定大学院を持つ大学がありますが、なぜ本学を志望したのですか」

ち〉「いじめ、不登校、虐待以外に、コミュニケーション不足が原因となっている社会問題をあなたは知っていますか」

2 自己推薦書編

　志望理由書同様にまずは全体像を把握しよう。具体例は第3章〔模範例文3〕を"台本"とする。

❶ 全体像の把握

あらまし

> 私は「異なる価値観を持った人の意見にも耳を傾けること」が人間にとって最も大切だと信じている。

> 「いじめ」をテーマにした高校生の公開討論会を聞きに出かけた。帰国子女ゆえにコミュニケーションのとり方が異質でいじめにあった少年を知った。その少年に対して司会者が「郷に入っては郷に従え」という言葉で諭したことに違和感を覚えた。

> 社会で同一の価値観を持ちたがる日本人気質はもはや通用しない。人種や国籍にとらわれないグローバル化した社会こそこれからの人間が生活する理想的な社会と考える。ただそこでは「異なる価値観を持った人の意見にも耳を傾けること」が大切な信条となる。

> 貴学国際文化学部へ進学できたら、異文化間における交流と衝突について学びたい。そうすれば、私の信条にさらに深い価値を見出せると考える。

訴えどころ: 私は「異なる価値観を持った人の意見にも耳を傾けること」が人間にとって最も大切だと信じている。これからのグローバル化した社会ではこの信条がもっと重要度が増すと考える。

❷書類内容を要約した回答

例えば、「あなたが普段から最も大切だと思っていることは何ですか」という質問に対しては、次のように回答するとよい。

回答例

「私は『異なる価値観を持った人の意見にも耳を傾ける』ことが人間にとって最も大切だと信じています。これからは社会で同一の価値観を持ちたがる日本人気質はもはや通用しないと思います。人種や国籍にとらわれないグローバル化した社会こそこれからの人間が生活する理想的な社会と考えます。こちらの大学に進学できたら、異文化間における交流と衝突について学び、私の信条にさらに深い価値を見出せたらよいと思います。」

公開討論会に関する内容は、「社会で同一の価値観を持ちたがる日本人気質」という文を導き出すための例なので、分量を考えて省略した。

自己推薦書を要約した内容の回答は、セールスポイントを何に置いたかで想定質問が異なる。性格をセールスポイントにした人は、「あなたはどんな性格ですか」などの質問を想定して回答をまとめておくとよい。

❸ 質問シミュレーション

　面接では、自分がどういう人間かを答える場面が多い。例としては次のようなものがある。

　例 「あなたの長所は何ですか」

　　　「あなたの性格をひと言で表してください」

　　　「簡単に自己紹介してください」

　ここでは、自己推薦書でアピールしたセールスポイントをそのまま伝えればよい場合と、そうでない場合がある。信条や能力をセールスポイントにした場合には、性格を尋ねられたら、違う回答をしなくてはならない。だがそのときも、自己推薦書でアピールしたセールスポイントと矛盾しないかたちでアピールすることを心がけよう。

●セールスポイントに関わる質問シミュレーション

　例 **質問**：「あなたはどんな性格ですか」

　　 回答：「私は誰とでもすぐに打ち解けられる性格です」

　「異なる価値観を持った人の意見にも耳を傾けるといった信条」と、例のような「社交的な性格」は、相性がよい。

　例 **質問**：「自己紹介してください」

　　 回答：「受験番号××番・私立桐原学園高等学校３年在籍中の桐原霧子です。私は高校生活を通じて、異なる価値観を持った人の意見にも耳を傾けることが人間にとっていかに大切かを学びました」

自己紹介の場合には、名前・高校名などのほかはかなり回答に自由度
のある質問だ。部活動や自慢したい実績のある人はそれも言うほうがよ
いが、自己推薦書に書いたセールスポイントも、ぜひ盛り込むようにし
よう。

●自己推薦書に対する質問シミュレーション

例 **ぐ**〉「あなたが最も理想的な社会だと思う国はどこですか」

　　　　「討論会に参加した他の高校生たちからはどのような意見
　　　　が出ましたか」

　　　　「社会で同一の価値観を持ちたがる日本人気質を書いた本
　　　　とは何という本ですか」

　　　　「あなたが関心を持った異文化間の衝突で近年起こったも
　　　　のを1つ挙げてください」

り〉「グローバル化した社会を理想の社会と思うのはなぜです
　　　　か」

い〉「他の国際文化学部がある大学ではなく本学を選んだのは
　　　　なぜですか」

　　　　「あなたは留学を考えていますか」

ち〉「グローバル化した社会の問題点を挙げられますか」

　自己推薦書や他の書類を"台本"とした質問シミュレーションを行う
場合には、もちろん素直に回答を考えるのが先決だが、その中で、**志望
理由書の内容と矛盾のあることを言わないようにしよう。**

　たとえば志望理由書の中で、国内で行うフィールドワークについての
具体的なビジョンを事細かに書いているのに、面接回答の中で「できれ
ば長期留学をしたい」などと言ってしまっては、「両方をどうやってや
るの」と疑問に思ってしまう。そういった矛盾をなるべく感じさせない

回答を考えるようにしよう。矛盾が起きないように補足説明をするか、矛盾を感じさせるような回答は、事実であっても最初からしないように注意しよう。

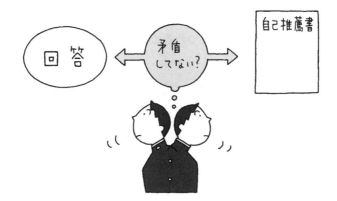

3 その他の書類編

　エントリーシート、課題レポートなどの自作による文章モノは、志望理由書、自己推薦書と同様に、「あらまし」と「訴えどころ」を押さえる全体像の把握を行い、質問シミュレーションで内容に奥行きと柔軟性を与える作業を行おう。

　活動報告書については、項目ごとに「あらまし」と「訴えどころ」を押さえよう。あらましは、**その活動を見ていない人、知らない人に説明することを想定してまとめればよい**。

　例えば活動報告書に「第○回東京都合唱コンクール審査員特別賞」と記入した場合には、大会規模、受賞曲など、大会パンフレットに書いてあるような内容を頭にインプットしておけば、あらましの説明はしやすくなる。

　訴えどころは、その活動にまつわるエピソードを用意しておくとよい。合唱コンクールの例で言うと、コンクールの舞台に上がるまでに一番大変だったことや、それを乗り越えて得たものなどをまとめておくとよい。

　自己推薦書もいっしょに提出した人は、ここで用意する「得たもの」はセールスポイントもしくは、セールスポイントを匂わせるものであるほうがよい。ただ、活動報告の中でも、メインではない内容の場合には、こぼれ話を1つか2つ用意しておけば十分だろう。

　賞状や自分の名誉をたたえた新聞記事などを提出した人も、活動報告と同様に、「あらまし」と「訴えどころ」をまとめておくとよい。

　本章で紹介した出願書類を"台本"とした対策でかなりの入試面接対

策になるが、さらに面接対策のアドバイスを欲しい人は、『**まるまる使える入試面接合格ナビ**』（和田圭史著・桐原書店）を参考にしてほしい。入試面接の心得「は・に・わ・こ」に基づいた必勝対策を紹介している。

●付記　プレゼンテーション

　近年、総合型選抜でプレゼンテーション（プレゼン）を課す大学が増えている。大抵のプレゼンでは、発表内容を補うための資料を用意する。資料は、プレゼンのあらましと訴えどころをまとめたものなので、これをどう仕上げるかがプレゼンの出来を大きく左右する。プレゼン資料を作るときの注意点を紹介しよう。

●プレゼン資料を作るときの注意

※第3章〔模範例文3〕をもとに、自己アピールをプレゼンする場合の
　作成資料の例も加えた。注意事項を理解するための助けにしてほしい。

①アピールしたいことが伝わるタイトルをつけよう。

　何をアピールするのかを、タイトルで明確に示そう。審査官にこれからどんな話が始まるのかをわかってもらうためだ。妙に凝って、わかりにくいタイトルをつけないようにしよう。

　例　「私の信条——異なる価値観を持った人の意見にも耳を傾けること」

②目次を箇条書きで示そう。

　審査官に、話の流れを頭に入れてもらうために、話す順番に従って、内容を箇条書きで示そう。流れを理解してもらうことが目的なので、ここで詳しい説明はしない。

例 (1) 自己紹介

(2) 小中学生時代の海外生活

(3)「郷に入っては郷に従え」に対する違和感

(4) ○○大学国際文化学部で学びたいこと

(5) まとめ

③項目ごとの内容は箇条書きや表にまとめよう。

1枚1枚の資料（※パワーポイントの場合はスライドの意）には、あまり長々とした文章を載せないようにしよう。詳しい説明は口頭で伝えることを原則としておこう。

例 私が海外生活をした国々

学年	国（市）	国民の多様性を表す事柄
小3〜小5	イギリス（ロンドン）	多民族国家⇒インド・アラブ・アフリカ・中国系
小6〜中1	フランス（パリ）	移民多し⇒東欧、中東、アフリカ
中2〜中3	カナダ（トロント）	英・仏語が公用語。公用語以外使用⇒600万人

④グラフや図表は主張や説明の裏付けに使おう。

グラフや図表を入れると見栄えはいいが、無理に使う必要はない。伝えたい内容を裏付ける有効なデータを示せる場合にかぎり、使うようにしよう。

例 図は省略するが、たとえば日本の人種、使用言語の少なさが、世界の中でいかに珍しいかを示すグラフや表を示せれば、グローバル社会を生き抜くうえで、「異なる価値観の意見に耳を傾けることの重要性」が裏付けられる。

⑤見せ方の工夫より発表内容を充実させることに気を配ろう。

パワーポイントを使用の場合に、画面切り替え効果やアニメーション効果などに凝る人がいるが、見せるための技術はあまり得点には影響しない。技術的に凝るよりも発表内容を充実させることに気を配ろう。あらましと訴えどころを押さえて、わかりやすく伝えることを心がけよう。

⑥時間を計りつつ、作成資料を使ってプレゼン練習をしよう。

大学の定めた制限時間を意識しながら、声に出して練習しよう。制限時間が10分ならば8〜10分にまとめよう。時間をオーバーする場合には、いくつかの資料をカットするか、説明の多い資料の内容をもっとしぼり込もう。

☆パワーポイントでプレゼンをする受験生に！

プレゼンの際に、パワーポイントを使用する受験生も多いと思う。パワーポイントで発表する人は、次の7つに注意しながら本番に備えてほしい。

1. 用意した原稿を読むだけにならないようにしよう。
2. スライド（資料）と説明がちぐはぐにならないようにしよう。
3. スライド間をつなぐ言葉（接続詞など）を考えておこう。
4. 発表で手抜きをしないようにしよう。
5. 重要ポイントは繰り返し言おう。
6. グラフや図表から読み取れる内容を指し示しながら説明しよう。
7. フリーズなどのアクシデントに備えて、プリントアウトした紙の資料を面接官の人数分用意しておこう。

第6章

よりよい
出願書類を
書くための
ワークシート

出願書類の要である、志望理由書と自己推薦書のネタ出しを行うためのワークシートを用意した。これはあくまでよいアイデアを引き出すための作業メモである。ここで出したアイデアをもとに、上手に出願書類を組み立ててほしい。全てこなす必要はない。1〜15まで番号を付けているが、もちろん順番どおりにこなさなくてもよい。取り組みやすそうなものから手をつけ、よいネタが仕込めたら、その時点で他のワークシートはやらなくてもよい。どうか肩肘張らずに楽な気持ちで取り組んでほしい。

〈志望理由書編〉

▶ ワークシート 1 ◀ キーワード自分史

☆志望理由のきっかけとなるエピソードがない、思いつかない、という
　人におすすめのワークだ。

　志望理由と関連のある**キーワードを1つ選び、そのキーワードにまつわるこれまでの自分の歴史をつづってみよう。**たとえば将来臨床心理士になりたいのだったら「悩み」「人間関係」などをキーワードにしてみるとよいかもしれない。キーワードを決めたら、小学校入学以前、小学校時代、中学校時代、高校時代と4つの時代区分におけるキーワードにまつわるエピソードを最低1つずつ書き出してみよう。キーワードを手がかりに記憶をたどると、これまで忘れていたことを思い出すこともある。それがすごい掘り出し物のエピソードかもしれない。そこまでではなくとも、これまでの真っ白状

態よりはかなりいろいろなネタが出てくるはずだ。そのエピソード群から、1つを選び出す。選んだエピソードはもう少し詳しく描写してみる。そしてエピソードから導き出せる解釈や感想を書く。多少脚色しても構わないからやってみよう。よい「きっかけ」作りができるはずだ。

☆志望理由のきっかけとなるエピソードがない、思いつかない、という
　人におすすめのワークだ。

　キミが将来目標とする職業に就いている人にインタビューをする
か、その働いている現場を見学させてもらう。やはり**実際にプロと
して働いている人の話はネタの宝庫である**。もし話をすることがで
きたら、なるべく具体的な話を聞こう。臨床心理士の人に話を聞く
なら、「臨床心理士になったきっかけは?」などといった質問より
も、「最近で記憶に残っているカウンセリングは?」、「児童と大人
とカウンセリングをやるときの違いは?」などのように。

　相手が話し好きの人なら、真剣に聞いていれば、どんどんおいし
いネタを話してくれることが多いので、その場合にはひたすら聞き
役にまわろう。じっくり話を聞けなくても、現場を見るだけでずい
ぶんと刺激になるので、ぜひ親、親戚、友人、先生などの人脈を頼
りつつ、取材の機会を得てほしい。

　そしてこれはぜひ守ってほしいが、取材をしたその日もしくは翌
日までに、取材の感想をこのワークシートに書き込もう。まとまり
がなくてもよいから、とにかく罫線の終わりまで思ったこと、感じ
たことを書きつづろう。

ワークシート 3　本から取材（志望理由関連）

☆志望理由のきっかけ、社会的意義、具体的なビジョンなどで書くネタ
　がないという人におすすめのワークだ。

　志望理由に関連のある本を読む。将来弁護士になりたいのならば、
法律、法学関連の本。なにも難しい専門書である必要はない。新書
レベルのものでよい。

　きっかけにできそうなエピソードがない人は、**感銘を受けた1冊
の本をきっかけにしてもよい**。

　社会的意義や具体的ビジョンをまとめる際の情報収集ならば、文
藝春秋から年の瀬に毎年発行されている『論点100』や自由国民社
から同様に年の瀬に毎年発行の『現代用語の基礎知識』の関係箇所
のところを読むのでもよいだろう。

　このワークには、その本を読んで印象に残ったことを書こう。読
みながらアンダーラインを引っ張った人は、引いたアンダーライン
の中で特に気になった箇所をこのワークに書き写そう。

　なお、読んだ本の要約をまとめようなどと考えないように。うん
ざりしてやる気がなくなってしまう。このワークはあくまで出願書
類を書くためのアイデアを出すために行うだけだ。

第6章　〈志望理由書編〉

166

ワークシート 4　志望理由と外国

☆志望理由のきっかけ、社会的意義、具体的なビジョンなどで書くネタ
　がないという人におすすめのワークだ。

これからはグローバル化社会。**大学志望理由をグローバルな視点
で語れないか**を考えてみよう。将来薬剤師になりたいのならば、海
外の薬品事情はどういうものか、あるいは、海外で認可されている
が日本では認可されていない薬などを調べてみよう。本、インター
ネットなどで情報を探してみよう。これも本と同様、印象に残った
ことをつらつらと書くのでよい。

ワークシート 5 28歳の私

☆志望理由の社会的意義、具体的なビジョンなどで書くネタが出てこな
い人におすすめのワークだ。

> 現在18歳の受験生ならちょうど10年後にあたる。**キミの10年
> 後を想像してみよう。**大学卒業後にすぐに就職をすれば社会人6年
> 目である。医師を目指す人は順調に国家試験に合格し、晴れて医師
> になれたとしても、この頃はまだ駆け出しである。
>
> 　キミの周囲はどう変わっているだろうか。キミの親は還暦を迎え
> ているだろうか。キミが28歳になる頃は日本の高齢者人口は全体
> のどのくらいを占めているだろうか。こんな具合に10年後の状況
> を想像したり、調べたりして、気にかかることをつらつらと書き連
> ねよう。

ワークシート 6　○○学とは

☆志望理由の社会的意義、具体的なビジョンなどで書くネタが出てこない人におすすめのワークだ。

> 　自分が**学びたい分野の基礎知識を理解しよう。**また学びたい内容がどの領域に属するかわからない人は、自分が進学を考える学部の根幹となる学問、法学部ならば「法学とは何か」、社会学部ならば「社会学とは何か」を調べてみよう。
>
> 　学問理解をクリアにすることで、第三部で書く内容のヒントをずいぶんと導き出せるだろう。まずはインターネットでキーワード検索してみるとよいだろう。新書などでその学問をわかりやすく説明する本を見つけて読むとさらによい。ネットや本を通じて調べた知識をここに書きつづろう。コピーや切り抜きを貼り付けてもよい。

ワークシート 7   最近のニュースで関心のある事

☆志望理由の社会的意義、具体的なビジョンなどで書くネタが出てこな
　い人におすすめのワークだ。

　　最近の**気になるニュース**を片っ端から書いていこう。まず「……
　事件」「……をめぐる問題」というように、トピックを書き出す。
　そしてその横になぜ気になるのかを書き添える。この罫線の終わり
　まで書いてみよう。いくつも思い浮かばない人は、新聞やテレビの
　ニュースで今話題になっているものを含めてもよい。
　　複数書いたら、その中で、自分の志望理由と関連付けられそうな
　ものがないかを考えてみよう。キミが大学で学びたいテーマと関連
　するものはないだろうか、キミが将来目指す職業の社会的意義を説
　明できるものはないだろうか。脈がありそうだったら、そのトピッ
　クについて、いろいろと調べてみよう。

ワークシート 8　大学パンフレット・ホームページ・オープンキャンパス取材

☆志望理由のまとめ部分で用いる「大学ならではの特徴」が思いつかない人におすすめのワークだ。社会的意義、具体的なビジョンなどで書くネタが出てこない人にもすすめられる。

　大学パンフレットやホームページには、大学の魅力が満載されている。学部・学科の紹介はもちろん、様々な研究を行っている教員、研究施設、図書館などの学習環境、留学制度、資格取得や就職のバックアップ状況など。**自分の志望理由を叶えるのに都合のよさそうなものを書き出してみよう**。学部・学科ごとのパンフレットやホームページ、ブログなどがあれば、そちらにはより詳しい情報が掲載されているはずなので、ぜひ目を通しておきたい。

　なかなかインスピレーションが湧かない人は志望校と同学部を抱えている他大学のパンフレットと比べてみるとよい。違いのあるところをまずはここに書き出してみよう。

　社会的な意義や具体的なビジョンの参考にするには大学教員や在学生、卒業生のコメント、講義概要などから取材する。「これは！」と思うフレーズや事項、科目名をここに書き出していこう。

　コピーや切り抜きを貼り付けてもよい。

　とっておきの方法は、大学のオープンキャンパスに出かけて、志望学部・学科の先生や在学生に直接取材することだ。オープンキャンパスでは、学科ごとに個別相談コーナーを設けている場合が多いので、そこで、大学の先生や学生と話すことができる。「大学ならではの特徴」はもちろん、社会的な意義や具体的なビジョンの執筆に役立つネタを取材できる可能性も高い。

〈自己推薦書編〉

◀ ワークシート 9 ▶ 私のよい点

☆自分のセールスポイントが定まらない人におすすめのワークだ。

> 　自分のよい点を、あらゆる言葉で表現してみよう。「強気な性格」
> 「物怖じしない性格」などのように似たものがあっても構わないか
> らどんどん書こう。**もう表現できないというくらいまで書こう。**
> 　その中から、自分で一番売り込みやすそうな点を選ぼう。**売り込**
> **みやすそうな点とは、あるエピソードと結びつけやすいものであり、**
> **志望理由実現に役立ちそうなものである。**

▶ワークシート 10◀　私の悪い点

☆自分のセールスポイントが定まらない人におすすめのワークだ。

> 　自分の悪い点、嫌いな点を書き出してみよう。そこに書き出した**欠点、短所を長所として語り直す**ことができないかを考えてみよう。たとえば、「他人の悪口をすぐに言う」という悪い点を「観察力に優れている」などのように。
>
> 　このように見方を変えることで、キミの短所には思わぬ長所が潜んでいることもある。
>
> 　なお、このワークを他人に見られるのが怖い人は、別紙に記入しよう。

▶ワークシート 11 ◀ 開き直り取材

☆自分のセールスポイントが定まらない人におすすめのワークだ。

　セールスポイントを自分ではどうしても定められない人は、**他人
に聞いてみる**というのもよい。「僕のいいところってどこかな」と
友人や親に聞いて、その取材内容をここに書きつづろう。
　なお、顔に自信がある人は、「内面で」と注意を添えて尋ねるよ
うにしよう。

第6章 〈自己推薦書編〉

ワークシート 12　ほめられ体験

☆自分のセールスポイントが定まらない人におすすめのワークだ。

> これまでに人に**ほめられた体験を思い出して**、ここに書きつづろう。高校時代だけでなくてもいい。小学校、中学校とさかのぼって思い出し、書いてみよう。
>
> その思い出の中に、セールスポイントの原石が眠っているかもしれない。

第6章〈自己推薦書編〉

184

ワークシート 13　大学が求める学生像

☆自分のセールスポイントが定まらない人におすすめのワークだ。

> 　各大学パンフレット・ホームページには「アドミッション・ポリシー」を載せている。その中に**「求める学生像」が数行にわたる文章で表現されている。**「将来の目標を明確にもち、リーダーシップを発揮する力がある人、問題解決能力の備わった人」などのように。
>
> 　大抵、そこで表された学生像には、複数のセールスポイントが言い表されている。そのうちの1つの要素でも自分のセールスポイントにできるものがあったならば、それを柱にして、ここに自己推薦書の下書きを書いてみよう。なんとか書けそうだったら、それを本格的にセールスポイントに定め、再度じっくり書いてみよう。

ワークシート 14 高校生活最大の出来事

☆セールスポイントを裏付ける体験が思い浮かばない人におすすめのワークだ。

> 　高校に入学してから昨日までのことで**最大の出来事をここに書いてみよう**。書き終えたら、書きつづった描写と自分のセールスポイントがこじつけられないかを考えてみよう。
> 　「最大の出来事」と呼べるものが思い浮かばない人は、友達の「最大の出来事」を聞いてみよう。他人の話を聞くことで、何かインスピレーションが湧き、思い出すかもしれない。

第6章〈自己推薦書編〉

188

感銘を受けた本、芸術作品

☆セールスポイントを裏付ける体験が思い浮かばない人におすすめのワークだ。

裏付ける体験がどうしても見つからない場合には、**本や映画、美術などから感銘を受けた事**をつづってみよう。その中には、ある気質を持った人間だからこそ共感を覚えた作品があるかもしれない。どんなことに共感したのかを書いてみて、そういった点に共感する自分にはどんな気質があるのかを考えてみよう。

それをセールスポイントにできれば、「裏付け」として、その作品に共感した思いを用いることもできるだろう。

樋口 裕一 (ひぐち ゆういち)

1951年大分県に生まれる。早稲田大学第一文学部卒。立教大学大学院研究科後期課程満期退学。作家、多摩大学名誉教授。小論文・作文専門指導の「白藍塾」塾長。入試小論文指導の第一人者で"小論文の神様"と呼ばれる。教育活動の傍ら、幅広い年齢層に向け、文章の書き方、話し方、思考法、教育、音楽など、多岐にわたるテーマの書を執筆。主な著書に、250万部突破の大ベストセラー『頭がいい人、悪い人の話し方』(PHP新書)、『ホンモノの文章力』(集英社新書)がある。大学入試参考書では、本書を含む「まるまる使える」シリーズ(桐原書店)、「読むだけ小論文」シリーズ(学研)、「小論文これだけ!」シリーズ(東洋経済新報社)などがある。

和田 圭史 (わだ けいし)

1965年東京都に生まれる。成城大学文芸学部マスコミュニケーション学科卒業。小論文・作文専門指導「白藍塾」の経営法人株式会社はくらん代表取締役。昭和女子大学非常勤講師。総合型選抜、学校推薦型選抜の出願書類、面接指導に定評があり、高校生を対象とした特別講義のほか、教職員を対象とした研修・講演を毎年多数行っている。主な著書に『まるまる使える入試面接合格ナビ』(桐原書店)、『AO・推薦入試 志望理由書で合格』『逆転合格の面接術 改訂版』、共著に『大学入試 総合・推薦入試をひとつひとつわかりやすく。』(以上、学研)がある。

〈白藍塾問い合わせ先・資料請求先〉
〒161-0033 東京都新宿区下落合 1-5-18-208 白藍塾資料請求係
https://hakuranjuku.co.jp ☎0120-890-195 (受付時間平日 8:30〜17:00)

まるまる使える
出願書類の書き方[三訂版]

2004年10月15日 初 版第 1 刷発行
2009年 2 月 1 日 初 版第11刷発行
2009年 7 月 1 日 改訂版第 1 刷発行
2018年 7 月10日 改訂版第11刷発行
2020年 5 月20日 三訂版第 1 刷発行
2021年 5 月10日 三訂版第 2 刷発行

著 者	樋口 裕一・和田 圭史
発行人	門間 正哉
発行所	株式会社 桐原書店
	〒160-0023 東京都新宿区西新宿 4-15-3
	住友不動産西新宿ビル 3 号館
	TEL：03-5302-7010 (販売)
	www.kirihara.co.jp
装丁・本文レイアウト	駒田 康高 (デジタル・スペース)
イラスト	荒井 佐和子
印刷・製本所	図書印刷株式会社